C·H·Beck
PAPERBACK

Fest in der europäischen Vergangenheit verwurzelt, hinterfragte Ivan Illich die Prämissen des modernen Lebens und warf einen kritischen Blick auf die Institutionen der Industriegesellschaft. In seinen vielbeachteten Büchern zeigte er, warum die heutigen Schulen das Lernen eher verhindern, Krankenhäuser krank machen, die Entwicklungshilfe der Dritten Welt schadet und die Moderne als Perversion des Christentums begriffen werden muss. Prägnant und anschaulich führt dieses Buch in Leben und Werk des Philosophen und Theologen Ivan Illich ein und ermöglicht es dem Leser, eine Ideenwelt neu zu entdecken, die auch heute nichts an Aktualität eingebüßt hat.

Thierry Paquot ist Philosoph und Professor am Institut für Urbanismus an der Université Paris 12. Von Ivan Illich sind bei C.H.Beck lieferbar: *Entschulung der Gesellschaft, Die Nemesis der Medizin, Selbstbegrenzung. Eine politische Kritik der Technik, Genus. Zu einer historischen Kritik der Gleichheit, Im Weinberg des Textes. Als das Schriftbild der Moderne entstand, Klarstellungen. Pamphlete und Polemiken* sowie *In den Flüssen nördlich der Zukunft. Letzte Gespräche über Religion und Gesellschaft.*

Thierry Paquot

IVAN ILLICH

Denker und Rebell

aus dem Französischen übertragen von
Henriette Cejpek und Barbara Duden

Verlag C.H.Beck

Titel der französischen Originalausgabe
«Introduction à Ivan Illich»

Originalausgabe

Satz, Druck u. Bindung: Druckerei C.H.Beck, Nördlingen
Umschlagabbildung: Ivan Illich, ca. 1970 © Beverly Hall
Umschlagentwurf: Kunst oder Reklame, München
Printed in Germany
ISBN 978 3 406 70704 9

www.chbeck.de

Einleitung

Die Gedanken eines Autors gehören ihm nicht mehr, sobald sie in Umlauf sind. Es ist also nicht selten, dass er sich in dem nicht wiedererkennt, was man über ihn sagt oder ihn sagen lässt. Marx beteuerte, er wäre kein ‹Marxist›. Das gilt ebenso für Ivan Illich (1926–2002), der je nach den Zeitläuften als «Anarchist», als «Linker», als «sanfter Träumer», als «radikaler Kritiker» der Institutionen, als «Vordenker» der politischen Ökologie, als «Pionier der Degrowth Bewegung», als «Linkskatholik», als «Befürworter von Selbsttätigkeit», als «Utopist» und was auch immer bezeichnet wurde. Bisweilen wird sein Werk in zwei Phasen unterteilt. Man spricht vom frühen Illich, dem Autor der in viele Sprachen übersetzten Pamphlete, dessen Argumente unzählige Debatten auslösten, und von einem späteren, gereiften Illich, weniger medienstark, fast vergessen, zum wandernden Professor geworden, eine Art intellektueller Nomade für sperrige Essays und zielsichere Einmischungen. Er selbst hatte seine fünf ersten Bücher, erschienen zwischen 1971 und 1975, als «Pamphlete» bezeichnet (*Almosen und Folter, Entschulung der Gesellschaft, Energie und Gerechtigkeit, Selbstbegrenzung, Die Nemesis der Medizin*) und vertraute 1988 seinem Biographen an: «Es ist mir gelungen, mit spitzem Bleistift eine Menge von Dingen treffsicher zu sagen. Aber der Zusammenhang und meine Ausdrucksweise haben sich verändert. (...) Sie stellen Fragen an einen Mann, der nicht mehr existiert. Gewiss, es handelt sich um mich, und ich übernehme die volle Verantwortung für meine Schriften. Aber diese Texte wurden in der Form von Pamphleten verfasst, wie es der Epoche entsprach, in der ich sie geschrieben habe. Im Übrigen ist es erstaunlich, dass sie noch immer da sind und man über sie spricht. Das ist sehr schön, es schmeichelt mir. Aber es sind tote Texte, Schriften aus einer anderen Zeit» [Illich in Conversation, 119].

Ein unstrittiges Charisma

Ein durchdringender Blick, ein vergnügtes Lächeln, ein schönes, feines Gesicht – das auf der rechten Wange durch eine Art Schwellung verunstaltet wird, die im Lauf der Zeit immer größer wird. Hochgewachsen, schlank – um nicht zu sagen ‹mager› –, aufrecht beeindruckt Ivan Illich und erregt physisch Respekt und Neugierde. Er ist umgänglich, spricht mit jedem, reich oder arm, «bedeutend» oder irgendwer, kann sich aber auch herausfordernd, ironisch, unzufrieden und manchmal herablassend zeigen. Ich persönlich habe nur einen bezaubernden Mann und Charmeur kennengelernt, offen, achtsam und aufmerksam. Ich konnte ihn dank der Vermittlung von Maud Sissung treffen, seiner so sehr geschätzten Übersetzerin («Mit einer Finesse, die niemals aufhört, mich zu überraschen, hat Maud Sissung diese Aufsätze aus dem Englischen übersetzt», bemerkt er in seiner Einführung zur französischen Ausgabe von *Schattenarbeit* [OC2, 97]). Eines Tages, das war 1988, ließ sie mich wissen, Illich sei in Paris und sein Herausgeber zögere, ABC zu veröffentlichen, *The Alphabetization of the Popular Mind*, das eben in den USA erschienen war. Es stimmt, Illich erregte nicht mehr die leidenschaftlichen Debatten zur Zeit von *Entschulung der Gesellschaft* oder *Selbstbegrenzung.* Er sprühte vor Intelligenz, erzählte tausend Dinge, erwähnte zahlreiche Autoren, die er las oder regelmäßig besuchte. Sein Blick drückte Wohlwollen aus. Sein Lächeln wechselte zwischen Fröhlichkeit und einer gewissen Traurigkeit. Es war der Beginn einer Freundschaft und zahlreicher Begegnungen, anlässlich seiner regelmäßigen Besuche in Paris, und kurzer Telefonanrufe, egal von wo auch immer auf der Welt.

War diese Beule, die ihn entstellte, die Ursache für seine häufigen Kopfschmerzen und gelegentliche Schwindelanfälle? Rückblickend auf jenen Sommer 1996 in State College, wo er unterrichtete, erinnere ich mich, wie Ivan mich bat, mich nicht zu beunruhigen, falls er sich plötzlich auf dem Boden ausstreckt und die Augen schließt; er sah einfach ein Unwohlsein voraus und bekam es so in den Griff. Einige Tage später war ich Zeuge einer solchen Episode: Nachdem er sich direkt auf den Boden gelegt, und die Augen für einige Minuten geschlossen hatte, stand er auf, öffnete die Schublade seines Schreibtisches, nahm ein Blatt Aluminiumpapier heraus, eine Kerze und einen einfachen Kugelschreiber, dessen Mine herausgenommen war. Mit diesem bescheidenen Material brachte er ein Kügelchen Opium zum Schmelzen, das er in einem kleinen, hübschen Metallkästchen aufbewahrte, und benutzte das Blasrohr als Pfeife. Nur Opium linderte ihn und war Teil seiner Selbstverarztung. In dieser Campus-Stadt konnte ich mich mit der «Methode Illich» vertraut machen. Sein Seminar war dem Architektur-Department zugeordnet und fand am Spätnachmittag statt. Die Zuhörerschaft war bunt gemischt: zwei Hände voll Studierende aus vier Kontinenten (keiner aus Afrika) und zwei Hände voll Wissenschaftler und Universitätskollegen. Ich verstand, dass der große Bärtige im Overall, der sich als Tischler vorgestellt hatte, einen Doktortitel in Anthropologie besaß und sich auf seinem Gebiet regelmäßig ans andere Ende der Welt begab; dass der Neuseeländer, der so schnell wie ein Wasserfall sprach, sodass ich Mühe hatte, ihn zu verstehen, einer der «aufsteigenden» Welt-Größen in der Geschichte der Geometrie war; dass der anglophobe kanadische Architekt in seinen Konstruktionen mit ökologischen Technologien experimentierte und der amerikanische Agrarwissenschaftler, der dort wohnte und arbeitete, gekommen war, um seinen Kopf auszulüften, etc. Kurzum, da waren «Schüler» von einer unglaublichen Vielfalt an Alter, Sprachen, Bildung und intellektuellen Erwartungen. «Schüler» ist das Wort, das Ivan liebevoll benutzte. Er sagte einfach «mein Schüler», auch zu einem langjährigen Freund, der beinahe sein Alter hatte, und dessen Renommee nicht mehr etabliert werden musste. Nach einem kurzen Exposé eines Teilnehmers schaltete sich jeder auf seine Weise und in seiner Sprache ein (Ivan diente spontan als Übersetzer). Jeder war für die anderen erstaunlich gegenwärtig.

Die gemeinsame Diskussion ging weiter, auch wenn Ivan manchmal aufstand, hinausging, um sich einige Minuten auszuruhen. Jean Robert improvisierte als Chef d'Orchestre, sicherte den Zusammenhalt der Gruppe, erteilte das Wort, sammelte die verstreuten Ideen, rekapitulierte, was gesagt worden war. Die Ideen loderten. Scherze lockerten die Atmosphäre. Eine Dokumentensammlung war verteilt worden, die Texte von Autoren enthielt, die für die Thematik als wichtig erachtet wurden (in diesem Sommer war das Thema «das Blicken»), sowie die laufenden Arbeiten von Studierenden. Ich stellte die Idee des Bildes bei Bachelard vor (eines von Ivan bevorzugten Philosophen, und ein anderes Mal den Blick bei Levinas, einem großen Freund von Ivan). Neben diesen (wenig) akademischen Seminaren gab es andere – *off* –, die bei Privatpersonen stattfanden und sich während des Abendessens im Freien, im Garten oder auf der Terrasse fortsetzten. Bei diesen festlichen Versammlungen traf ich dieselben Leute wieder, die an den Kursen teilnahmen, manchmal mit ihrem Partner, ihren Kindern, Freunden, Nachbarn; es fanden sich Gruppen zusammen; die Diskussionen waren lebhaft, Ivan hatte die maßgebliche Rolle des Gastgebers. So stellte ich mir Cuernavaca vor, wo ich niemals gewesen war: Studien vermischt mit informellen Diskussionen, ohne irgendeine Hierarchie, ohne Diplom, ohne Karriereplan! Aber ich träumte nicht, denn ich beobachtete, dass der Campus dort wie jede beliebige Institution darin funktionierte, standardisierte Ausbildung abzuliefern; nur entwischt bei dieser Vereinheitlichung die Ausbreitung des Wissens. Illichs Seminar war eine Lichtung in einem so dunklen Wald. Ich wohnte mit Jean Robert in einem kleinen Haus ohne Charme, das wir uns mit fünf Mitbewohnern teilten, alle viel jünger als wir. Jean Robert (geboren 1934) gehört zum ersten Kreis von Ivans Freunden. Nach seinem Architekturstudium hatte er eine Bank entworfen, war gereist, und hatte sich 1972 mit seiner mexikanischen Frau, einer Feministin und Anthropologin, in Cuernavaca niedergelassen. Er unterrichtete an verschiedenen, sowohl mexikanischen wie US-amerikanischen, Universitäten, die meiste Zeit in Begleitung von Ivan, dessen naher Mitarbeiter er wurde. Gemeinsam mit Jean-Pierre Dupuy schrieb er *La trahison de l'opulence* (1976), dann verfasste er *Le temps qu'on nous vole. Contre la société chronophage* (1980) und, zusammen mit Majid Rahnema, *La Puissance des Pauvres* (2008).

Barbara Duden, eine seiner engsten Mitarbeiterinnen und beste Kennerin seiner Schriften, beschwört einen «Illich der zweiten Periode» herauf [Duden, 2003]. In ihrem Aufsatz zeigt sie die Kontinuität von Illichs Besorgnis, und wie er in den Jahren zwischen 1980 und 1990 von der «Archäologie moderner Selbstverständlichkeiten» zur «mentalen Topologie der Spätmoderne» kam. «Er verstand, dass nicht mehr die Techniken und die Institutionen, sondern die von ihnen generierten Vorstellungen und Wahrnehmungen bloßgelegt werden müssen» [Duden, 2003, 15]. Diese Unterscheidung, die durchaus etwas Richtiges hat, hat den Vorzug, dass sie den Einstieg in ein überbordendes und herausforderndes Werk erleichtert. Doch bilden seine dreizehn veröffentlichten Bücher und seine zahlreichen verstreuten Aufsätze ein ‹Werk› und gewiss kein ‹System›. Einen Leser, der chronologisch in die Lektüre eintaucht, erstaunt die unglaubliche Einheit dieses *denkenden Denkens*, das immer dieselben Besorgnisse in einen Denkrahmen zu spannen scheint, aber dabei die Angriffswinkel verschiebt, die Quellen anders ordnet, sie mit neuen Zugängen anreichert, erneut interpretiert und dabei Selbstkritik übt. Gewiss hat jedes der Werke ein Hauptthema (die Kirche, die Schule, die Arbeit, die Sprache, den Blick, den Körper, den Schmerz, den Tod), das Illich – und genau darin liegt seine Stärke – an andere Themen anknüpft, von denen das Hauptthema in der Tat abhängt. Er bettet sein Thema also in eine umspannende Zeitgeschichte ein, verbindet es mit einem geistigen Weg, den er unermüdlich neu ausrichtet. In diesem Sinne entwirft er keine «allgemeine Theorie der Dienstleistungen im Kontext der Knappheit», sondern kreiert eine Weise, in der Welt gegenwärtig zu sein.

Ein radikaler Aufrührer?

Illich macht kein Hehl daraus, seine kritischen Analysen der Institutionen radikal zu präsentieren (Kirche und Klerus, Schule und Lehrkörper, Gesundheit, Mediziner und Krankenpfleger, Verkehr mit nicht erneuerbarer Energie, sowohl individuell als auch kollektiv etc.). Sie gehen auf den Grund der behandelten Probleme und sparen nichts und niemanden aus. Mehr als einmal verspottet er in seinen Schriften Ralph Nader (ohne Feindseligkeit), den US-amerikanischen Anwalt und Verteidiger der Konsumenten, sodass man diesen in seinen Kämpfen unterstützen möchte, oder die «Umweltschützer» im Allgemeinen, auch wenn viele ihrer Anhänger seine Thesen befürworten. Illich entlarvt den Kapitalismus; das tut er aber weder im Stil der Marxisten – denn er glaubt nicht daran, dass die Kollektivierung der Produktionsmittel etwas an der *conditio humana* änderte –, noch stimmt er mit gewissen Strömungen der «grünen Bewegung» überein, denn er macht sich keine Illusionen über die Möglichkeit, eine weniger umweltverschmutzende Technik gegen eine andere auszutauschen (z. B. das Elektroauto gegen das Benzinauto). Das technische System insgesamt und in seinen konkreten Anwendungen ermöglicht und unterhält diesen Kapitalismus, den Illich im Namen der unheilbaren und irreversiblen Verstümmelung verurteilt, die dieser der Autonomie der Menschen zufügt. «Kapitalismus» ist ein anderes Wort für «Entwicklung». Es bezeichnet sowohl die industrielle Produktion materieller Güter für den Massenkonsum als auch immaterielle Dienstleistungen, welche die Repräsentanten der «entmündigenden Experten» auf den Markt bringen. Beide beanspruchen, als «universal» missverstandene «Bedürfnisse» zu befriedigen (jeder Erdenbürger hätte demnach dieselben «Bedürfnisse», ungeachtet von Geschlecht, Alter, Kultur und Tätigkeit?). Illich entlarvt nicht nur die schädliche Wirkung von Schule, Krankenhaus oder ICE, die aufgrund der Kontrolle entsteht, die diese «Megawerkzeuge»

(Lewis Mumford) über jeden ausüben (wer kontrolliert tatsächlich *seine* Beschulung, *seine* Gesundheit, *seine* Fortbewegung?). Sie negieren die Fülle jedes Einzelnen und vergrößern dessen Abhängigkeit. Diese Megawerkzeuge, diese Institutionen entpuppen sich klammheimlich von Erleichterungen für ein besseres Leben in ihr Gegenteil: Man hat nichts von ihnen zu erwarten. Die Einsicht in die Ohnmacht, irgendetwas zu reformieren, bewegt Illich dazu, seinem ebenso radikalen Freund Majid Rahnema mitzuteilen [Post-Development Reader, 108]: «Wir haben beide eine Lektion der Ohnmacht gelernt. Es gab eine Zeit, in der wir uns ohnmächtig fühlten zu handeln; jetzt erkennen wir, dass wir sogar ohnmächtig sind, einen Rat zu geben. Wir haben beide verstanden, dass die ‹soziale Verantwortung›, die uns einst motivierte, eine Folge des Glaubens in denselben Fortschritt war, der die Idee von Entwicklung vorantrieb.» Das führt er auch 1988 David Cayley gegenüber aus: «Was die Politik betrifft, verurteile ich niemanden, der weiterhin meint, dass demokratische Politik fortgesetzt werden kann. Aus der Tradition der westlichen Welt heraus, mit meinen Wurzeln, habe ich radikal die Politik der Ohnmacht gewählt. Ich bezeuge meine Ohnmacht, weil ich denke (...), dass uns nichts anderes übrig bleibt, und auch, weil ich zeigen könnte, dass es in diesem Augenblick das Richtige ist» [Illich in Conversation, 218]. Er unterzeichnet keine Petition, auch gehört er keiner politischen Partei an, dennoch ist er um das Gemeinwesen besorgt. Er mischt sich politisch ein, indem er seine Artikel und Bücher schreibt, Seminare abhält und durch Schweigen seine Ablehnung dieser oder jener Politik ausdrückt. Schweigen als Aufforderung zum kritischen Nachdenken.

Vom guten Gebrauch des Schweigens

Für das lateinische Verb *silere*, «ohne Geräusch», gibt es im Französischen nicht wirklich eine Entsprechung; es besagt so viel wie «ruhig bleiben», «untätig sein» und unterscheidet sich von *tacere*, was bedeutet «aufhören zu sprechen», «stillschweigend annehmen», «nicht erwähnen». Das lateinische *tacere* ergibt «taire» (verschweigen), «se taire» (verstummen), «tacite» (stillschweigend) und im Gefolge von *tacitus* «taciturne» (schweigsam, wortkarg) und «taciturnité» (Schweigsamkeit, Wortkargheit). Das Hauptwort «silence» (Schweigen und/oder Stille, Ruhe) kommt von *silentium* und enthält alle seine unterschiedlichen Bedeutungen: die Stille dessen, der schweigt, die Abwesenheit von Lärm, die Offenbarung des Geheimnisses. Der Heilige Benedikt wird die theologische Dimension des Schweigens bekräftigen. Wenn Gott das Wort ist, dann hat Er es nicht nötig, zu schweigen, um sich zu äußern. Jesus beginnt mit zwölf Jahren das Wort zu ergreifen, aber in sparsamer Weise. Sein Aufenthalt in der Wüste ist ein völliges «Eintauchen in Einsamkeit und Stille» [Père Bruno, 1954]. Jesus mahnt zum Schweigen über seine Heilung des Leprakranken, des Gelähmten oder des Blinden. Während seines Prozesses schweigt er und vor Pilatus sagt er nur sehr wenig. Der Heilige Benedikt ehrt mit der Askese des Schweigens die Verschwiegenheit. Der Benediktiner schweigt, um das, was Gott geschaffen hat, besser lieben und im Schweigen anbeten zu können. Bei den Griechen gab es einen Gott, Harpokrates, um die Stille heraufzubeschwören und bei den Römern die Göttin Tacita, die später zu Angeronia wurde, «die mit einem Finger auf dem Mund die Lippen schließt».

Illich ist weder Trappist, noch gehört er einem Mönchsorden an, der das Schweigen befürwortet, dennoch weiß er, dass es ausdrucksstark ist und dem auch etwas sagt, der es zu verstehen weiß. «Das Erlernen einer Sprache besteht eher im Erfahren ihres Schweigens als ihrer Laute. Nur der Christ glaubt an das Wort als ein gleichermaßen ewiges Schweigen. Unter den Menschen in der Zeit ist der Rhythmus ein Gesetz, durch das unser Gespräch ein yang/yin aus Schweigen und Laut wird» [Klarstellungen, 91].

«In unglücklichen Zeiten – so Paul Valéry – bleiben Einsamkeit und Schweigen Mittel der Freiheit». So in etwa macht Illich mehrmals Gebrauch davon: Schweigen als Ausdruck des Widerstands, der Ablehnung, des Protestes. Dieser Protest fällt in die Zeit der Friedensbewegung, die sich zur Verhinderung des NATO-Doppelbeschlusses und der Stationierung der Pershing-Mittelstreckenraketen formiert hatte. Ein ziviler Akt. «Das Schweigen, umrahmt vom Aufschrei des Entsetzens, transzendiert die Sprache. Menschen verschiedener Völker und verschiedenen Alters, die keine gemeinsamen Worte haben mögen, können unisono sprechen in ihrem schweigenden Aufschrei» [Würdiges Schweigen, 156]. Daher das würdige Schweigen: «Die Weigerung, bestimmte Erklärungen abzugeben, gewisse Wörter zu gebrauchen und gewisse Gefühle in mein Herz eindringen zu lassen, sind Folgen eines Beschlusses. Ich kann über die Atombombe nicht meditieren, ohne dass sie mich vernichtet» [Illich in Conversation, 127].

Um uns mit einem solchen Denken vertraut zu machen, das manchmal verstörend, immer gelehrt, ohne Unterlass aufrührend ist, werden wir zunächst in großen Schritten die intellektuelle Bildung Ivan Illichs skizzieren (Kapitel I). Danach werden wir Schritt für Schritt verfolgen, wie er seine These der Kontraproduktivität ausformuliert, die er auf die großen, die Entwicklung tragenden Institutionen anwendet (Kapitel II und III), und klären, was er unter «Autonomie» und Verteidigung der «Gemeinheit» versteht (Kapitel IV). Wir werden schildern, wie er den «Schwund der Sinne» begreift (Kapitel V), und schließlich sein Verständnis dessen untersuchen und wertschätzen, was Ivan Illich «Freundschaft», Philia nennt (Schluss). Eine «Illich-Zitatensammlung» vervollständigt unsere Einladung, diesen außergewöhnlichen und nicht einzuordnenden Denker, der Illich ist, zu lesen und wieder zu lesen. Mit Bedacht zieht diese Einführung in Ivan Illich das direkte Zitat der Paraphrase vor, ebenfalls ein Anstoß, ihn zu lesen.

I
Wanderprofessor, biographische Notizen

Ivan Illich wird am 4. September 1926 in Wien geboren. Sein Vater Piero Illich (Ilic auf Serbokratisch) ist der Sohn eines dalmatinischen Grundbesitzers, dem auch Weinberge und Olivenhaine auf der Insel Brac gehören. Als Zivilingenieur mit einem Diplom des Politechnikums Zürich spricht er fließend Serbokroatisch, Deutsch, Französisch und Italienisch; er wird «diplomatische Aufgaben» ohne nähere Bestimmung ausüben. Ivans Mutter, Ellen Regenstreif, kommt aus einer zum Protestantismus konvertierten jüdischen Familie. Sein Großvater mütterlicherseits, Fritz Regenstreif, handelt mit Holz und besitzt mehrere Sägewerke. Als wohlhabender Holz-Industrieller beauftragt er Friedrich Ohmann (1858–1917), den Architekten des Palmenhauses der Hofburg und zahlreicher Wiener Gebäude, ihm eine Villa im Stil Palladios – versehen mit Jugendstil-Elementen – zu bauen. Sie wird nach dem Anschluss Österreichs an Nazi-Deutschland von der SS- und Nazigröße Reinhard Heydrich (1904–1942) konfisziert werden, und Ivan wird am Vorabend des Krieges unter großer Mühe seiner Mutter helfen, ihre Rechte und einen Teil des Erbes zurückzubekommen [Kaller-Dietrich, 2007]. 1925 konvertiert Ellen zum Katholizismus, um Piero zu heiraten. Drei Monate nach seiner Geburt wird Ivan in Begleitung einer Amme zu seinem Großvater väterlicherseits nach Dalmatien geschickt, wo er am 1. Dezember getauft wird.

«Während meiner Kindheit verbrachte ich einen Teil des Jahres in Dalmatien, einen Teil in Wien bei meinem anderen Großvater und den Rest der Zeit in Frankreich, oder dort, wo sich meine Eltern aufhielten» [Illich in Conversation, 79]. Die Vielfalt der Familienwohnsitze erlaubt ihm, in verschiedenen Sprachen zu verkehren, der junge Ivan trägt bereits den polyglotten Erwachsenen in sich, der sich in zahlreichen Idiomen äußern, unterhalten, unterrichten und debattieren kann: Deutsch, das er mit seinen Eltern spricht (mit vierzehn Jahren träumt er davon, Gedichte in der Art Rilkes zu schreiben, später begeistert er sich für Paul Celan), Serbokroatisch (mit acht Jahren erhält er Unterricht von Herrn Ivanovich, der mit seinem Schüler nicht ganz zufrieden ist), Italienisch, Französisch, Englisch, Spanisch (das er in seiner puertoricanischen Pfarre in New York erlernt), Portugiesisch (in Brasilien ist Paulo Freire, der berühmte Pädagoge der Unterdrückten, sein Lehrer), Hindi («mein indisches Abenteuer überraschte mich, weil es mir so leichtfiel, zu lesen und zu beginnen zu verstehen und mich in Indien zuhause zu fühlen» [Illich in Conversation, 122]), Tagalog (Philippinen), ein wenig Japanisch. Es ist ihm nicht gelungen, Chinesisch zu lernen, was er sich mit fünfzig Jahren – nach dem Beispiel des berühmten Sinologen Joseph Needham (1900–1995) – vornahm: «Needham hat diese Sprache erlernt, um chinesische Schriften zu studieren. Ich wollte es erlernen, um auf Chinesisch über Europa zu schreiben. Das war mir unmöglich. Wenige Male in meinem Leben musste ich ein Projekt aufgeben» [Illich in Conversation, 122]. Er las Altgriechisch und machte sich Notizen auf Latein («Zehn Jahre lang», so bekannte er 1988, «schrieb ich alle meine Notizen auf Latein, auf Küchenlatein natürlich, dem mittelalterlichen Latein» [Illich in Conversation, 123]). Auch behauptete er, keine Muttersprache zu haben («Ich gehöre zu denen, die keine Muttersprache hatten» [Illich in Conversation, 91]), womit er unterstrich, dass er und seine Familie zu Österreich-Ungarn gehörten, wo siebzehn Sprachen geläufig waren.

Für ihn war Vielsprachigkeit die Regel und Einsprachigkeit,

welche im Wesentlichen durch das Schulsystem zustande kommt, die Ausnahme. Ein ungebildeter Bauer der Sahel-Zone verständigt sich in vier oder fünf Sprachen, während sein beschultes Kind nur mehr eine oder zwei kennt. Erklärt diese Sprachbegabung sein Interesse für deren Weltgeschichte und auch seine überbordenden etymologischen Studien? In den meisten seiner Schriften stellt er linguistische Überlegungen in der jeweiligen Sprache an, und im Mündlichen macht es ihm ein schelmisches Vergnügen, andere Übersetzungen eines Begriffes vorzuschlagen oder seine anderen Bedeutungen zu ersinnen. «Wenn ich Englisch spreche, drücke ich mich anders aus, als wenn ich Französisch spreche. Man sagt, sogar meine Gesten ändern sich, aber sicherlich mein Ausdruck, und ich meine nicht nur die Muskeln des Mundes, sondern sogar die Augen. Und weil Wörter Geschmack und Atmosphäre haben und mit ihnen etwas berührt werden kann, ist die sinnliche Wirklichkeit, in der ich in diesem Moment lebe, anders in Englisch, und in Französisch und auf Deutsch wäre sie wieder anders» [Illich in Conversation, 196].

Jugend, in großen Schritten

Illich tummelt sich in einem kultivierten Milieu ohne irgendeine, beispielsweise durch die Religion, auferlegte Beschränkung. Sein Onkel mütterlicherseits war die rechte Hand Rudolf Steiners (1861–1925), des Begründers der Anthroposophie und pädagogisches Urgestein, durch ihn wurde dem Heranwachsenden eine andere Sicht auf Glaubensrichtungen … und auf Schule (!) eröffnet. 1932 verlässt seine Mutter das eheliche Heim in Split und kehrt mit Ivan und seinen jüngeren Brüdern (den Zwillingen) in das väterliche Haus nach Wien zurück. «Selbst in meiner Kindheit», so erinnert er sich 1993, «war das Zeichnen und Skizzieren noch ein Teil von Fähigkeiten, die man pflegen musste: sie übten das Auge, wie die Musik das Ohr einstimmte und der Tanz den Gang geschmeidig machte. Ich musste noch unter der Aufsicht einer Witwe aus Bremen Blumensträuße und Aussichten aquarellieren, um meine Aufmerksamkeit zu schulen. Jede Epoche, jedes Handwerk und Milieu hatte seine eigenen Forderungen an okulare Fertigkeiten» [Askese des Blicks, 208]. Er kann also zeichnen. Nach anderen Beteuerungen aber ist er kaum musikalisch und hört wenig Musik. Er ist kein «guter» Schüler, wie man vermuten könnte, ungeachtet seiner unglaublichen Auffassungsgabe und einer stets aufgeweckten Intelligenz. «Ich habe die Schule niemals ernst genommen. Praktisch alles, was ich lernte, passierte außerhalb der Schule» [Illich in Conversation, 60]. Ivan entdeckt sehr früh, dass die Institution Schule für das Lernen nutzlos ist, und er wird an dieser Einsicht festhalten, bis er ihr mehrere Bücher gewidmet hat. «Die Idee, in die Schule zu gehen, um dort eine Erziehung zu bekommen, hat sich nur sehr langsam entwickelt. Ich habe immer gedacht, dass sie mit Comenius begonnen hat, der sagt, dass man den Kindern alles perfekt beibringen müsse, damit sie nichts Schlechtes außerhalb der Schule lernen. (...) Ich habe nichts gegen Schulen! Ich bin gegen den Schul*zwang*» [Illich in Conversation, 68]. Er erzählt, wie er sich 1938, während eines Spazierganges im Wiener Wald, des bevorstehenden Einmarsches der Nazis bewusst wird, und dass er seitdem weiß, dass er niemals Kinder haben wird: «Meine Intuition sagt mir, dass eine der *schlimmsten* Taten in unserer modernen Gesellschaft ist, Kinder in diesem spezifisch modernen Sinn zu erzeugen. Als ich jung war, beschloss ich, dass ich das nicht tun würde. Das war der Grund, weshalb ich mit zwölf Jahren beschloss, niemals zu heiraten» [Illich in Conversation, 75].

Einen Monat nach den auch in Österreich erlassenen Nürnberger Gesetzen, im April 1938, führt sein Deutschlehrer der ganzen Klasse sein «jüdisches Profil» vor; der Antisemitismus wird alltäglich und durchdringt die letzten Winkel des täglichen Lebens. Es ist Zeit, fortzugehen [Kaller-Dietrich, 2007]. 1942 verwandelt die Nazigesetzgebung sie von «Halb-Ariern» in «Halbjuden» und zwingt sie, aus der österreichischen Hauptstadt zu flüchten. Sie gehen nach Florenz. Im selben Jahr war Piero an einem Herzinfarkt gestorben, ohne nach der Trennung von seiner Frau seine Söhne wiedergesehen zu haben. Aus administrativen Gründen schreibt sich Ivan an der Universität von Florenz in Chemie ein und bildet sich in Kristallographie aus (1942–1945), wobei er einen Identitätsausweis benützt, der es ihm während des faschistischen Regimes ermöglicht, unter einem falschen Namen in die Legalität einzutreten. «Ein kleines, sehr nützliches Werkzeug» [Illich in Conversation, 81]. Damals nimmt er in bescheidenem Maße am antifaschistischen Widerstand teil, wie er Douglas Lummis in einem unveröffentlichten Interview erzählt, das im Winter 1986–1987 in Japan stattfand: «Die Deutschen hatten entschieden, in Italien bei ihrem Rückzug eine Politik der verbrannten Erde anzuwenden und sie nahmen alles Vieh mit. Ich gelangte an Informationen aus dem deutschen Kommando, wo sie die Kühe requirieren würden, und ich trieb sie in die Berge, wo die Deutschen sie nicht finden konnten. Das war keine furchtbar heldenhafte Tat, aber damals (...) ist Widerstand für mich natürlich geworden» [Flüsse, FN 3, 260]. 1945 schreibt er sich am Collegium Capranica ein und studiert gleichzeitig Philosophie und Theologie an der Gregoriana in Rom.

Zur gleichen Zeit schreibt er in Salzburg seine Doktorarbeit in Geschichte – über 100 Schreibmaschinenseiten unter dem Titel: *Die philosophischen Grundlagen der Geschichtsschreibung bei Arnold Toynbee* –, die er 1951 unter der Leitung von Albert Auer verteidigt, einem Benediktiner und Gelehrten zur Leidenstheologie des zwölften Jahrhunderts. In Salzburg assistiert er bei den Lehrveranstaltungen von Michel Müchlin und erinnert sich besonders an jenes Semester, das den Verwandlungen des Bildes des Phoenix in der zweiten Hälfte des 3. Jahrhunderts gewidmet ist. Arnold Toynbee (1889–1975), Historiker, Altertumsforscher und Diplomat, legt in seiner vielbändigen *A Study of History* eine umfassende vergleichende Untersuchung aller menschlichen Gesellschaften quer durch die Menschheitsgeschichte dar. Er entwirft dieses Denkgebäude während des Ersten Weltkrieges, beginnt dessen Niederschrift 1921 und veröffentlicht die ersten sechs Bände zwischen 1933 und 1939. Das wichtigste Konzept, das seinem eindrucksvollen Fresko eine gewisse Einheitlichkeit sichert, ist das der «Kulturen». Er unterscheidet zweiundzwanzig: sechs «lebende», dreizehn «erloschene» und drei «untergegangene», die miteinander in Bezug stehen und sich durch die Herausforderungen verändern, auf die sie reagieren müssen, die Gewohnheiten, von denen sie sich mehr oder weniger schnell befreien, die Kriege und die Religionen etc. Die genaue Lektüre, die Illich diesem damals sehr berühmten Autor zukommen lässt, wird ihn tief beeindrucken, viel mehr als die parallele Lektüre von Oswald Spengler und dessen Hauptwerk *Der Untergang des Abendlandes* (1918–1922). Es verwundert nicht, dass er den Gegenstand seiner Doktorarbeit in *Entschulung der Gesellschaft* 1971 erwähnt: «Arnold Toynbee hat dargelegt, dass der Verfall einer großen Kultur gewöhnlich vom Aufstieg einer neuen Weltkirche begleitet wird, die dem Proletariat Hoffnungen macht, aber nur einer neuen Kriegerklasse dient. Die Schule scheint vorzüglich geeignet, die Weltkirche unserer verfallenden Kultur zu sein» [Entschulung, 70]. Seit seinem Doktorat hält er an einer dynamischen Dimension fest, die nach Toynbee jedem Verfallsprozess eigen ist. Wie ist die methodologische These des damals 25-jährigen Illich einzuschätzen? Klar ist: Die Toynbee gewidmeten akademischen Schriften geben darauf keine Antwort – sicher, weil es sich um eine philosophische und nicht um eine ausgesprochen historiographische Arbeit handelt. Also wieder eine Frage der Klassifikation und der Fachgrenzen!

Ein ungewöhnlicher Priester

Ganz besonders beschäftigt er sich mit Theologie, vor allem mit der Ekklesiologie, «dem wissenschaftlichen Studium dieser besonderen Gemeinschaft, die die Kirche ist, und im Besonderen mit der Liturgie» [Illich in Conversation, 65]. 1951 zum Priester geweiht, tritt er also in diese «Gemeinschaft» ein und beschließt, seine erste Messe in den Katakomben zu feiern, gewiss zu Ehren der ersten verfolgten römischen Christen. In Rom begegnet er Jacques Maritain (1882–1973), dem französischen Botschafter im Vatikan, der ihn in das Werk Thomas von Aquins einführt. Er geht vor ihm in die USA, nach Princeton, wo er Professor für «Moralphilosophie» wird, aber Illich wird ihn bald wieder treffen. «Maritain ist sehr früh in mein Leben getreten und wurde sehr wichtig für mich während der Zeit, als er Botschafter in Rom war und kleine Seminare bei sich abhielt (…) Maritain ist über seine Absicht hinausgegangen und hat im Denken von Thomas ein herrliches Gebäude entdeckt, einen großartigen Menschen und Mystiker» [Illich in Conversation, 150 und 152].

Giovanni Montini, der spätere Papst Paul VI., nimmt ihn als außergewöhnlich intelligenten Menschen wahr, der eine kirchliche Karriere im Vatikan vor sich hat. Das aber hat der junge Ivan keineswegs vor. Er zieht es vor, sich in die USA einzuschiffen, um in Princeton eine postdoktorale Arbeit über die Alchemie im Werk Alberts des Großen (1206–1280) zu schreiben; die dortige Bibliothek besitzt eine ausgezeichnete Sammlung. 1951, am Abend seiner Ankunft, speist er mit Freunden seines Großvaters in der East 76th Street und entdeckt das puertoricanische Viertel von New York, das ihn begeistert. Er beschließt, sich dort niederzulassen. Kardinal Francis Spellman (1889–1967), von dem er als Priester abhängig ist, betraut ihn mit der «Incarnation»-Pfarrei im Norden Manhattans, hinter der George Washington Brücke. Dort nimmt er am täglichen Leben seiner Schäflein teil, in deren Nähe er wohnt, und bei denen er Spanisch zu lernen beginnt. Warum Priester? «Ich weiß es nicht. Ich weiß von den meisten wichtigen Beschlüssen in meinem Leben nicht, was sie motiviert hat» [Illich in Conversation, 85]. Er erläutert David Cayley, was er unter einem «Idol» versteht: «im theologischen Sinne eine Schöpfung des Menschen (…), die wir anbeten und der wir eine Macht zuschreiben, die die unsere übersteigt», und fährt fort: «Das ist der Grund, weshalb ich mich in Mexiko während meines Gebets immer in Richtung des Popocatepetl und des Iztaccihuatl verneige, den Herren des Tales, in dem ich lebe» [Illich in Conversation, 254]. In der «Botschaft von Bapus Hütte» [Mirror, 65–69] beschreibt Illich die bescheidene Wohnung von Mahatma Gandhi und erzählt, wie er dort im zentralen Raum mitten unter vier anderen Personen betete, die – jeder für sich – einer anderen Beschäftigung nachgingen. Das sind die beiden einzigen Male, zumindest in seinen Schriften, wo er zum Gebet Stellung nimmt, ein inniges Gebet, von ihm zu seinem Gott zu ihm.

Was war er für ein Priester? Zugänglich, offen, gastlich und schon damals der kirchlichen Ordnung gegenüber streitbar. Pater Joseph Fitzpatrick (1913–1995), Soziologieprofessor an der Jesuitischen Fordham University in New York, erinnert sich: «Man verehrte ihn zutiefst. Er wurde zu einer herausragenden Figur. Die Menschen in der Gemeinde liebten ihn einfach, und immer wieder hoben sie die Hingabe hervor, mit der er die Messe zelebrierte. Sie waren von dieser offensichtlichen, großen Hingabe bei der Messe sehr beeindruckt. Und außerdem war er eng mit ihrem Leben verbunden, auf eine Weise, würde ich sagen, wie es nur sehr wenige Priester in dieser Zeit waren» [Flüsse, 22]. Unzufrieden mit dem Geschick, das diesen Migranten bestimmt war, rüttelte er sie auf, ihren berechtigten Platz einzufordern. 1955 richtet er in Puerto Rico eine Konferenz aus: «The spiritual care of Puerto Rican Migrants», die Gedanken, Gebete und Gesänge verband. Daraus geht der Stoff für eine gleichnamige Schrift hervor, gemeinsam unterzeichnet von William Ferree, John (sic) Illich und Joseph

Fitzpatrick. 1956, zu Sankt Johannis (dem Schutzpatron von Puerto Rico), findet auf dem Campus der Fordham University ein Fest statt, an dem 30 000 Menschen teilnehmen! Die Puertoricaner sind nicht mehr «unsichtbar». Illich ermutigt zu Studien über die Lebensumstände der Puertoricaner, regt mehrere Programme für soziale Aktionen zu ihrer Unterstützung an und verlangt Spanischkenntnisse von jedem, der oder die bei ihnen arbeiten wird. «In der Erzdiözese New York ergab sich 1956 die Notwendigkeit, mehreren hundert Lehrern, Sozialarbeitern und Geistlichen Spanisch beizubringen, damit sie sich den Puertoricanern verständlich machen konnten. Mein Freund Gerry Morris gab über eine spanisch-sendende Rundfunkstation bekannt, dass er Leute aus Haarlem benötigte, deren Muttersprache Spanisch war. Am nächsten Tag versammelten sich vor seinem Büro etwa zweihundert Jugendliche. Unter ihnen wählte er etwa fünfzig aus, darunter viele, die vorzeitig von der Schule abgegangen waren. Er unterwies sie im Gebrauch des Spanisch-Lehrbuches des amerikanischen Foreign Service Institute, das für Sprachstudenten mit Collegeausbildung bestimmt ist. Binnen einer Woche waren seine Lehrer selbständig. (…) Nach sechs Monaten war der Auftrag ausgeführt. Kardinal Spellman konnte behaupten, dass in einhundertsiebenundzwanzig seiner Pfarreien jeweils mindestens drei Mitarbeiter sich auf Spanisch verständlich machen konnten. Kein Schulprogramm hätte es mit diesem Ergebnis aufnehmen können» [Entschulung, 34 f]. Das Zeugnis Joseph Fitzpatricks ist kostbar [Challenges, 35 ff], weil es uns über eine wenig bekannte Zeit im Leben Ivan Illichs Auskunft gibt. Er zeigt uns einen jungen Mann, der gierig auf alle Erkenntnisse ist, der viel liest, alles versteht, der die Auswirkungen einer Politik und die künftige Entwicklung einer Theorie vorwegnimmt. Er hat sich gut in seiner Pfarrei eingerichtet, besucht aber auch die «intellektuelle Welt», die von der Fordham University ausstrahlt. Er arbeitet bei deren Zeitschrift *Thought* mit, die Pater William Lynch herausgibt, und schreibt Aufsätze für das katholische Journal *Integrity*, dessen Redakteurin Dorothy Dohen ist, und die er mit seinem Autorennamen oder mit dem Pseudonym Peter Canon unterzeichnet (wie zum Beispiel «The American Parish» im Juni 1955 oder «Rehearsal for death» im März 1956).

Wenig später nimmt er die Stelle des Vize-Rektors an der Katholischen Universität von Puerto Rico an, die er bis 1960 innehaben wird. In diesem Jahr wird er entlassen, weil er den demokratischen Kandidaten John Kennedy öffentlich unterstützt und mit der kirchlichen Position, die die Empfängnisverhütung verdammt, nicht einverstanden ist. Er gründet das Centro Intercultural de Communicacion (CIC) und hält 1957 die Eröffnungsrede «Missionary Poverty» [The Church, Change and Development, 112–119]. Seine zunehmend kritische Analyse der Institution «Kirche», die Freiheiten, die er sich der Autorität gegenüber erlaubt, und der Erfolg seiner Thesen bringen das Fass zum Überlaufen. Im «Verschwinden des Priesters» [Klarstellungen, 49–75] untersucht er diese gewaltige Maschinerie, «die 1,8 Millionen hauptberufliche Beschäftigte hat» und die Symptome einer Krise aufzeigt (immer leerer werdende Seminare, eine wachsende Kluft zwischen der Gesellschaft und den Werten des Vatikans). Alsdann bekräftigt er: «Der Verlust der Substanz des Klerus wird nur mit dem Verschwinden des klerikalen Systems selbst aufhören». Er kündigt das Heraufkommen «neuer Priester» an, die noch keinen Namen haben, Männer und Frauen («Laienpriester, Sonntagspriester, Halbtagspriester, säkularisierte Priester, geweihte Laien ...»). Diese werden die Kirche beleben, sie in der Tiefe reformieren und dem «Herzen der Stadt» öffnen. Zwei Bischöfe bestimmen sein Schicksal: «Die katholischen irischen Bischöfe James Davis von San Juan, ein egoistischer und eitler Karrierist, und James McManus von Ponce, ein wohlgesinnter irischer Trottel, begannen Politik zu machen, indem sie jedem mit der Exkommunikation drohten, der seine Stimme einer politischen Partei geben würde, die den Verkauf von Kondomen in Apotheken nicht verbietet» [Illich in Conversation, 88]. Seine Rechnung geht auf: Er muss gehen! Was ihm insofern nicht missfällt, als er das Gefühl hat, sein Verhältnis zur Kirche umfassend ermessen zu haben. Er ist offen für andere Abenteuer. 1959 bricht er auf, um vierzig Tage lang in einem Kloster in der Sahara zu meditieren [du Plessix Gray, 1970].

Seine Lehrmeister im Denken

In seinen ausführlichen Gesprächen mit David Cayley [Illich in Conversation; Flüsse] erwähnt Illich mehrmals Namen von Persönlichkeiten, die ihn tief geprägt haben, wie Jacques Maritain (1882–1973) und Erich Fromm (1900–1980).

Der erste ist Dozent der Philosophie, konvertierte als Erwachsener unter dem Einfluss von Léon Bloy zum Katholizismus, ist Autor von etwa sechzig Büchern und seine Auslegung Thomas von Aquins ist ein Meilenstein. Nach dem Krieg ist er Frankreichs Botschafter beim Vatikan. 1947 hält er, anlässlich der Zweiten Generalversammlung der Unesco in Mexiko, eine bedeutende Rede zur «Philosophie der Erziehung». Dann unterrichtet er in Princeton, kehrt 1960 nach Frankreich zurück, wo seine Frau Raissa stirbt, und schließt sich der Gemeinschaft der Kleinen Brüder Jesu an. Durch ihn erfährt Illich von den Aktionen des Aktivisten Saul Alinsky (1909–1972) und ermuntert ihn, «seine» Methode *Rules for Radicals* (1971) zu veröffentlichen [Alinsky, 1999]. Kaum in den USA angekommen, springt Ivan aus dem Stand für Jacques Maritain ein, der kurz zuvor einen Herzanfall erlitten hatte, und vertritt ihn bei der Konferenz zu «Essenz und Existenz bei Thomas von Aquin». Sie treffen sich wenig später wieder, 1957, und bleiben dann weiter im Gespräch.

Der zweite ist Psychoanalytiker und Philosoph. Er ist durch die jüdische Tradition beeinflusst (besonders durch Rosenzweig), verlässt Nazi-Deutschland und geht in die USA, lässt sich dann in Mexiko nieder, wo er das Institut für Psychoanalyse der Universität von 1955 bis 1962 leitet, bevor er den Lehrstuhl für Psychologie an der New York University übernimmt. Unter seinen Werken findet sich: *Die Furcht vor der Freiheit* [1941] und *Die Revolution der Hoffnung* [1968]. Er ist Illichs Nachbar in Cuernavaca und schreibt die Einleitung zu *Klarstellungen (Originaltitel: Celebration of Awareness)*. Illich befasst sich mit seinem Werk, er übernimmt von ihm das Entsetzen vor dem Wort «Überleben» («Das Überleben der menschlichen Gattung», «Das Überleben der Kulturen» etc.). Fromm «verglich diesen Wortgebrauch mit dem Versuch der Ägypter, Pyramiden zu bauen, in denen die Seele ihres Pharaos überleben würde, und nannte es ein grässlich nekrophiles Wort» [Illich in Conversation, 262]. 1964 veranstaltet Erich Fromm ein Seminar in Mexiko unter dem Titel: «Man's Situation in the Modern World», zu dem er «Monsignore Ivan Illich (Theologe)» einlädt» [Garcia, 1989].

Illich würdigt einige andere Intellektuelle, denen er wirkliche Verehrung entgegenbringt. Darunter der Philosoph Hans Blumenberg (1920–1996), für Illich «einer der Meisterdenker unserer Zeit» [Flüsse, 90], Autor von *Legitimität der Neuzeit* (1966) und *Die Genesis der Kopernikanischen Welt* (1975). Ebenso Gerhart Ladner (1905–1993), Autor von *The Idea of Reform* (1961), «ein weiterer meiner großen Lehrer» [Flüsse, 76]. Dazu zählt auch der italienische Historiker des zwölften Jahrhunderts, Paolo Prodi (geboren 1932): ich muss «zunächst Paolo Prodi vorstellen, der in dieser Angelegenheit mein Lehrer gewesen ist» [Flüsse, 106]. Aber auch der Historiker Philipe Ariès (1914–1984), Autor zweier Schlüsselwerke für Illich: *Geschichte der Kindheit* (1975) und *Geschichte des Todes* (1980). Gaston Bachelard (1884–1962), dem er die «Historizität tiefer Imagination» verdankt [Illich in Conversation, 246], und Jacques Ellul (1912–1994), dessen Analysen den seinen so nahe sind («Bestimmt haben sich Elluls Ideen und die meinen mehr oder weniger in der gleichen Richtung entwickelt»), doch Illich merkt einen wichtigen Unterschied zwischen ihnen an: «Er sieht alles schwarz» [Illich in Conversation, 111]. Man müsste noch Hannah Arendt (1906–1975) hinzufügen, die er außerordentlich schätzte und nach Cuernavaca einlud. Der amerikanische Historiker zur Geschichte der Stadt und der Technik, Lewis Mumford (1895–1990), ebenso der Philosoph und militante Atomkraftgegner Günther Anders (1902–1992), deren Werke einen wichtigen Platz in seiner Bibliothek einnahmen.

Cuernavaca

1960 nimmt Illich an der Fordham University die Stelle eines Lehrenden an und bereist Südamerika zu Fuß und per Bus [du Plessix Gray, 1970]. Seine mehrmonatige Rundreise führt ihn nach Brasilien, wo er sich mit Helder Camara (1909–1999), dem Erzbischof von Recife, befreundet. Ebenfalls lernt er die Arbeiten kennen, welche die Soziologen und europäischen Priester François Houtard und Émile Pin über das Unternehmen der Evangelisierung in Lateinamerika verfasst haben, und das von einer Theologie der Armut und der Befreiung ausgeht [du Plessix Gray, 1970, 290]. Mehrere Ereignisse bewegen ihn dazu, sich 1961 in Cuernavaca niederzulassen, wo er mit Unterstützung der Fordham University das Centro de formación intercultural (CIF) gründet, das 1966 zum CIDOC (Centro intercultural de documentación) wird. Er mietet gemeinsam mit Feodora Stancioff und Pater Gerry Morris ein Hotel und errichtet dort sein Zentrum. Valentina Borremans, eine junge Belgierin, die in Kinshasa geboren wurde, arbeitet seit der Eröffnung mit ihm zusammen. Sie überquerte den Atlantik mit dem Schiff, kam dann per Bus von New York nach Mexiko und entdeckte dabei die Vielfalt der amerikanischen Landschaften. Sie hatte gehört, wie jemand von einem «ungewöhnlichen» Priester sprach, der ein «Zentrum» für Ordensleute errichtete. Illich führt aus: «Zuerst gab es das Freiwilligenkorps für den Frieden und dann diesen abartigen Hirtenbrief von John Considine – ein Priester des Maryknoll Ordens, dem es gelungen war, Johannes XXIII. zur Unterschrift zu bewegen. Der Hirtenbrief befahl den Bischöfen Nordamerikas und den Prioren religiöser Orden, ein Zehntel ihres Personals in die Länder Südamerikas zu entsenden, um diese vom Kommunismus zu erlösen» [Illich in Conversation, 93]. Bevor sie also aufbrachen, um diesen riesigen Kontinent zu bekehren, mussten die Missionare Spanisch lernen und hielten sich mehrere Wochen oder Monate in Cuernavaca auf. Eine Gruppe junger

Amerikaner, die sich in der Allianz für den Fortschritt engagierte, sowie die just von Kennedy ins Leben gerufenen Freiwilligenkorps für den Frieden lernten dort aber nicht nur Spanisch sondern auch, Entwicklung zu entlarven als den Export jenes Sozialmodells, das auf dem Wachstum der Zerstörer von Natur und Kultur beruht, nämlich der Massenproduktion von Gütern und Dienstleistungen. Illich führt im Vorwort zu «Kehrseite der Barmherzigkeit» aus: «Bei der Eröffnung unseres Zentrums nannte ich von den Zwecken unseres Unternehmens zwei: einmal den Schaden zu mindern, der von der päpstlichen Anweisung drohte. Durch unser Ausbildungsprogramm für Missionare wollten wir diese herausfordern, sich der Wirklichkeit und sich selbst zu stellen und entweder den Auftrag abzulehnen oder – falls sie ihn annähmen – etwas weniger unvorbereitet zu sein. Zum andern wollten wir bei den entscheidenden Organen derjenigen Institutionen, welche die Mission förderten, genügend Einfluss gewinnen, um ihnen die Ausführung des Planes auszureden» [Klarstellungen, 76].

Der Erfolg des Zentrums stellt sich jährlich mit Hunderten von Kursteilnehmern ein. Illich schreibt in *Entschulung der Gesellschaft* [Entschulung, 123]: «Etwa zehntausend Erwachsene haben in unserem Zentrum in Cuernavaca Spanisch gelernt». Es ist auch ein politischer Erfolg, der diese Art von entwicklungsbewegter und antikommunistischer Berufung – in dieser Zeit vor allem gegen Castro – entmutigt, insofern sich das Zentrum als rentabel erweist und Illich ein unbewohntes (und deshalb heruntergekommenes) Haus erwerben kann, als der Hotelbesitzer das zunächst gemietete Hotel zurückhaben will. Illich lässt es renovieren und richtet dort 1966 das CIDOC mit seiner Bibliothek und seiner Druckerei ein (bei den Arbeitsdokumenten handelt es sich um Abzüge von Matrizen in Hunderten von Exemplaren). Ebenso wurde 1961 ein Zentrum für den Unterricht des Portugiesischen eröffnet, damals in Brasilien, in Petropolis in der Nähe von Rio, das François du L'Espinay und John Vogel leiten, aus dem sich Illich 1967 zurückzieht. Im CIDOC wird Spanisch unterrichtet, vor allem aber eine andere Vorstellung von «Entwicklung» (die Illich als «Krieg gegen die Subsistenz» bezeichnet) und von «Unterentwicklung» als deren Folgeerscheinung (deren Ursprung auf die Antrittsrede des Präsidenten Truman vom 20. Januar 1949 zurückgeht). «Ich schuf diese Einrichtung mit dem Ziel, den Studierenden einen intensiveren und besseren Unterricht im gesprochenen Spanisch als anderswo anzubieten; ich wollte, dass diese Ausbildung in einer besonderen Atmosphäre stattfindet, damit die Studierenden während ihrer viermonatigen Intensivkurse die kulturelle Wirklichkeit ihrer Bestimmungsländer untersuchen und auf die USA, oft zum ersten Mal, einen neuen Blick, den Blick des Fremden, werfen können» [Illich in Conversation, 94; du Plessix Gray, 1970]. Der «Feind» finanziert also in gewisser Weise seine eigenen Widersacher, die damit die «Ent-Yankeefizierung» voranbringen [du Plessix Gray, 1970, 252].

Eine große Mehrheit der Anhänger der Dritte-Welt-Bewegung frequentiert das Zentrum, das so wenig orthodox ist, dass der CIA es aus der Nähe überwacht und 1967 Rom informiert, das umgehend seinen spiritus rector einbestellt. Die Heilige Congregation für die Glaubensdoktrin legt Illich die Anklageschrift vor, die fünfundachtzig Fragen in vier Abteilungen enthält («gefährliche Ansichten in Angelegenheiten der Doktrin», «irrige Ideen gegen die Kirche», «abartige Vorstellungen in Bezug auf den Klerus» und «umstürzlerische Interpretationen, sowohl die Liturgie als auch die kirchliche Disziplin betreffend») und zeigt, dass sie gut informiert war (fraglos durch den CIA und die katholisch-mexikanische Rechte).

Ivan Illich schweigt und weigert sich, Erklärungen abzugeben. Dies schreibt er in einem Brief, den er dem jugoslawischen Kardinal Franjo Seper (1905–1981) überreicht. Dieser antwortet ihm auf Serbokroatisch: «Gehen Sie, gehen Sie und kommen Sie niemals wieder.» Erst als er die Treppen herabsteigt, begreift Illich, dass dies die Sätze sind, die der Inquisitor in Dostojewskis *Brüder Karamasow* an den Gefangenen richtet, und die bedeuten, dass die Kirche die weltliche Macht absichern muss, welche Jesus verschmäht.

Botschaft verstanden! Wenig später setzt das Heilige Officium das CIDOC auf den Index und untersagt jedem Ordensmitglied, sich dorthin zu begeben. Illich reagiert, indem er seinem Oberen, dem Erzbischof von New York, Terence Cook, schreibt: «Dieses Vorgehen hat den Schatten eines ‹allseits bekannten Kirchenmannes› auf mich geworfen, was für mein Amt, meine Arbeit als Erzieher und meine persönliche Entscheidung, als Christ zu leben, schädlich ist. Hiermit möchte ich Ihnen meinen unwiderruflichen Entschluss mitteilen, ganz aus dem Kirchendienst auszutreten, keine priesterlichen Funktionen mehr auszuüben und alle Titel, Ämter, Vorteile und Privilegien abzugeben, die mir als Geistlichem zustehen» [Flüsse, 30]. Die Bürokratie des Vatikans billigte dieses Gesuch nicht; als er für seine Kurse an der Universität Kassel bezahlt wurde, war der Scheck an «Monsignore Ivan Illich» adressiert.

In Cuernavaca genießt Illich die Unterstützung des mexikanischen Bischofs Sergio Mendez Arceo [du Plessix Gray, 1970, 284 ff]. Einige Monate später, im Januar 1969, hebt der Heilige Stuhl das Verbot für seine Priester und Nonnen, sich dort zu inskribieren, auf, und im April 1973 beschließt Illich einstimmig mit denen, die dort arbeiten, das CIDOC infolge von Drohungen und sogar gewalttätigen Einschüchterungsaktionen zu schließen, über die er immer ausgesprochen verschwiegen sein wird. David Cayley vertraut er an: «Viele wissen, dass wir gegen Ende der 60er und sogar zu Beginn der 70er Jahre im CIDOC in Cuernavaca Zielscheibe zahlreicher gewalttätiger Attentate gewesen sind». «Warum das CIDOC schließen?», fragt David Cayley Illich, der ihm antwortet: «Weil ich 1973 zum Schluss gekommen bin, dass alles, was ich dort unbedingt tun wollte und was getan werden konnte, erreicht worden war – in der Tat war das bereits 1965 abgeschlossen (...) Zudem hatte ich verstanden, dass das Zentrum sich vor universitätsähnlicher Institutionalisierung nicht würde schützen können. (...) Dies hätte bedeutet, dass die dreiundsechzig Personen, die unter der Leitung von Valentina Borremans damals das Zentrum führten und ermöglichten (keiner von ihnen hatte einen Universitätsabschluss und die meisten hatten die Grundschule nicht abgeschlossen), von einer Gruppe internationaler Lehrkräfte ersetzt worden wären» [Illich in Conversation, 202 f]. Er schlägt vor, den Überschuss in einen Fonds zu geben, und nach zwei Jahren (oder später, falls notwendig) die daraus erzielte Summe unter den dreiundsechzig Personen zu verteilen. Das geschah am 1. April 1976 am Ende einer unvergesslichen *fiesta*. Die Bibliothek mit 140 000 Bänden wurde an das Colegio de México verschenkt. Die Dokumentation, die Berichte, die Vorbereitungsunterlagen für die Seminare, die Veröffentlichungen des Zentrums (darunter zahlreiche kommentierte Bibliographien und ungefähr 350 ‹Pamphlete› über diverse Themen von Che Guevara bis zum Konkubinat in Zentralamerika) haben keine Abnehmer gefunden und sind im Laufe der Zeit verstreut worden (man lese die Beschreibung der verschiedenen Serien der vom CIDOC veröffentlichten Dokumente im Beitrag von Hoinacki und Mitcham [Challenges, 20 ff], im Buch von du Plessix Gray [1970, 275 ff] und bei Martina Kaller [2007].

Ein wandernder Lehrer und Forscher

Obwohl Illich als Priester in einer armen New Yorker Pfarrei angefangen hat, setzt er sich nicht allzu sehr für das II. Vatikanische Konzil (1962–1965) ein, das die Liturgie zutiefst erneuert und der «Befreiungstheologie» in Brasilien eine gewisse Anhängerschaft sichert. Gleichfalls ist er weder Anhänger der «marxistischen Katholiken», die – zumindest im Westen – von einem materialistischen Evangelium träumen, noch der «Dritte-Welt-Bewegung», die darauf wartet, dass «hundertmal Vietnam» die USA vernichten werden, jenes Symbol eines Raubkapitalismus, der die Reichtümer armer Länder plündert und sie in Armut hält. Jean Robert erzählt folgende Anekdote: Montini, der Bischof von Mailand, schleppt Illich zu den Sitzungen des Vatikanischen Konzils und vertraut ihn

Kardinal Suenens von Mechelen an. Eines Tages sagt Ivan zu ihm: «Ich muss mit Ihnen sprechen» und verabredet sich mit ihm in einem Kaffeehaus. «Ich möchte Ihnen eine Zeichnung zeigen». Links ein Präservativ mit weißer Flüssigkeit über einem schlaffen Penis, rechts ein Atompilz. Sieben bekannte Papstköpfe und eine Frage: Welches dieser beiden Ereignisse ist widernatürlich? Sieben Daumen zeigen nach links. «Herr Kardinal, was denken Sie darüber?» Der Kardinal verliert sich in politischen Argumenten darüber, wie schwierig es ist, die Bombe anzuprangern. Daraufhin kündigt Ivan ihm seine Abreise aus Rom an: Adieu Karriere in der vatikanischen Diplomatie.

Zwischen 1968 und 1976 verstärkt Illich die Interventionen in internationalen Konferenzen (wie die der Vereinten Nationen, ‹Habitat I› in Vancouver 1976), und trifft, nicht ohne eine gewisse Befriedigung, die ‹Großen› dieser Welt: Den kanadischen Premierminister Pierre Trudeau; Farah Diba, Kaiserin des Iran (und frühere Architekturstudentin in Paris); Beatrix, Königin der Niederlande; Indira Gandhi, damals indische Premierministerin (1966–1977 und 1980–1984); Jerry Brown, Gouverneur von Kalifornien (1975–1983); Freimut Duve, Abgeordneter im Deutschen Bundestag (1980–1998), etc. Von 1976 an konzentriert er sich auf seine Lehrtätigkeiten, die Hauptquelle seiner Einkünfte, und nimmt auf Einladung von Freunden noch Vorträge in Kolloquien und Symposien an. Anlässlich eines Seminars zu Illich (am Institut für Urbanistik in Paris-Créteil im Mai 2009) erzählt Majid Rahnema die folgende romanhafte Geschichte (Rahnema wurde 1924 geboren, von 1967 bis 1971 ist er Erziehungsminister im Iran und von Paulo Freire und Ivan Illich dermaßen inspiriert, dass er sich bei internationalen Instanzen für die Ausrottung der Armut und Programme zugunsten mittelloser Bevölkerungen einsetzen wird): Ivan ist von der Kaiserin zu einem Gespräch eingeladen, das wie gewöhnlich eine Viertelstunde dauern soll, aber es vergehen mehrere Stunden. Niemand wagt zu unterbrechen. Im Hinausgehen erzählt Ivan Majid, dass er nach Neu-Delhi fahren muss, um mit

Indira Gandhi zu diskutieren. Da er aber mehrere Tage vor sich hat, beschließt er, mit dem Auto zu fahren. An der Grenze zwischen dem Iran und Pakistan ist ein Grenzbeamter übereifrig und sperrt ihn ein, weil er einen «russischen» Namen und einen «amerikanischen» Reisepass hat, was ihm außerordentlich verdächtig vorkommt. Weil niemand des anderen Sprache spricht, bleibt Ivan in seiner Zelle. Am nächsten Tag kann er Majid anrufen, der interveniert, um ihn frei zu lassen. Was auch geschieht. Ivan bleibt aber noch ein oder zwei Nächte am Ort, ganz einfach, um die anderen Gefangenen zu sehen, bevor er nach Afghanistan und dann weiter nach Nordpakistan und Indien aufbricht.

Die Zeitschriften Esprit und rororo aktuell

Die Zeitschrift Esprit entsteht 1932 auf Initiative von Emmanuel Monnier (1905–1950), einem Vertreter des französischen christlichen Personalismus. Jean-Marie Domenach (1922–1997), der damalige Herausgeber, veröffentlicht dort erste Übersetzungen von Illichs Aufsätzen (*Die Kehrseite der Barmherzigkeit*, Mai 1967; *Das Verschwinden des Priesters,* Oktober 1967; *Sexuelle Macht und politische Potenz*, Juni 1969; *Die Schule als heilige Kuh*, Dezember 1970; *Schulen helfen nicht*, Juni 1971), die später in gleicher Form in Illichs ersten beiden Büchern von Le Seuil, dem Verlag von Esprit, publiziert werden.

Esprit widmet den Thesen Illichs verschiedentlich thematische Schwerpunkte, z. B. *Illich im Gespräch* (hg. von Domenach und Thibaud, 1972); *Weiter mit Illich* (hg. von Domenach und Thibaud, 1973); *Die Enteignung der Gesundheit*, Esprit 1974; *Schmerzvermeidung*, Esprit 1974, gefolgt von *Apostille* und schließlich das von Jean Robert und Thierry Paquot zusammengestellte Heft *Die Aktualität von Ivan Illich*, Esprit 2010.

In den Notizen von Jean-Marie Domenach, von denen 2001 Auszüge unter dem Titel *Viel Lärm um nichts. Tagebuch eines Widerspenstigen* (frz. *Beaucoup de gueule et peu d'or. Journal d'un réfractaire* (1944–1977)) erschienen sind, finden sich seltene Spuren von Illich. Im September 1971 notiert Domenach: «Illich. Ich soll ihn zum Essen ausführen, um die Fernsehsendung vorzubereiten. Wir gehen ins ‹La petite chaise›. Während einer Stunde spricht er wortreich von Aristoteles, dem Heiligen Thomas und Unterentwicklung. Wir kommen zurück, setzen uns unter eine Gipsstatue. Er dreht sich um: ‹Schau, das ist Pandora. Ja, das ist Pandora. Ich werde über sie sprechen›. Und er beginnt: Eine Viertelstunde erzählt er von Pandora. Das Publikum wird nicht viel davon verstehen.» Im Mai 1974 fügt Domenach hinzu: «Ich habe herausgefunden, dass er den Coup mit Pandora im Vorhinein geplant hatte.» Dieses TV-Interview* zwischen Illich und Domenach wurde am Sonntag, den 19. März 1972 um 22:30 Uhr ausgestrahlt und zahlreiche Zuschauer waren höchst angetan von Illichs scharfsinniger Erzählung des Mythos von Pandora. Jean-Marie Domenach, der das Illich gewidmete Heft einleitet [Domenach und Thibaud, 1972], schreibt dazu: «Wir werden ihn nicht porträtieren. Andere haben eine Biographie. Er ist lebendig in seinen Ideen, seiner Stimme, in seinem Gesicht». In der Tat.

Auch die von Sartre herausgegebene Zeitschrift «Les temps Modernes» öffnet, angeregt durch André Gorz, ihre Spalten für Illich.

Im deutschsprachigen Raum verdanken wir die Verbreitung von Illichs Thesen vor allem Freimut Duve, dem Herausgeber der Reihe rororo aktuell seit 1969. Duve hat eine Gesamtausgabe der Illich'schen Schriften angestrebt, wobei er jeweils von den Originalausgaben ausgegangen ist. 1984 erscheint in dieser Reihe ein Streitband zu Ivan Illich, *Wider den Turmbau zu Babel*, in dem namhafte Autoren Illichs Ideen kritisch kommentieren. Daraus wird ersichtlich, dass viele der Hauptwerke von Illich bereits bei rororo aktuell erschienen sind: *Schulen helfen nicht. Über das mythenbildende Ritual der Industriegesellschaft* (1984, Erstauflage bei Rororo Sachbuch 1972); *Entschulung der Gesellschaft. Entwurf eines demokratischen Bildungssystems* (1984, Erstauflage bei Rororo Sachbuch 1973); *Die sogenannte Energiekriese oder Die Lähmung der Gesellschaft. Das sozialkritische Quantum der Energie* (1974); *Fortschrittsmythen. Schöpferische Arbeitslosigkeit – Energie und Gerechtigkeit – Wider die Verschulung* (1974, Neuauflage 1978); *Selbstbegrenzung – Tools for Conviviality* (1975); *Die Enteignung der Gesundheit – Medical Nemesis* (1975,

Neuauflage 1983); *Entmündigung durch Experten. Zur Kritik der Dienstleistungsberufe* (1979); *Vom Recht auf Gemeinheit* (1982) und *Genus. Zu einer historischen Kritik der Gleichheit* (1983). Zuletzt erscheint noch *H2O und die Wasser des Vergessens* (1987). Freimut Duve war ebenfalls Herausgeber eines Magazins in Buchformat – *Technologie und Politik. Das Magazin zur Wachstumskrise* (seit 1975) –, in dem Ivan Illich mehrfach Aufsätze publizierte, z. B.: *Ansatz zu einer radikalen Kritik am Industriesystem* (Band 1, 1975); *Über die Grenzen der Medizin* (Band 2, 1975, in dem *Medical Nemesis* kritisch diskutiert wird); *Die Modernisierung der Armut oder die Kontraproduktivität unserer Volkswirtschaft* (Band 9, 1977); *Schattenarbeit oder vernakuläre Tätigkeiten. Zur Kolonisierung des Informellen Sektors* (Band 15, 1980). In dem Magazin geht es darum, Debatten zu zentralen Fragen der 1970er Jahre anzustoßen, etwa über die «Zukunft der Ökonomie» (Bände 12–14) oder «die Zukunft der Arbeit» (Bände 8, 10, 15), in einer Zeit, in der über die Grenzen des Wachstums, Small is beautiful und die Kontraproduktivität von Entwicklung nachgedacht wird. Die Redaktion dieses Magazins war ein Beitrag dazu, internationale Auseinandersetzungen im deutschsprachigen Raum aufzugreifen und fortzuführen: «Wir sind bei Vorgesprächen zu diesen Auswahlbänden, die wir in der Redaktion und vor allem mit Jean Pierre Dupuy, André Gorz, Jean Robert und Ivan Illich in den letzten Jahren geführt haben, von einer Reihe praktischer Fragen ausgegangen», schreibt Duve im Editorial zu Band 12 der Reihe, es ist «ein erster Versuch, Auskunft zu geben über eine Reihe von wissenschaftlichen Bemühungen in Frankreich und in den USA, die hierzulande weithin unbekannt sind.» Diese Form der Auseinandersetzung hat Ivan Illich im deutschsprachigen Raum bekannt gemacht und Anlass zu vielfachen Begegnungen gegeben, die ihn schließlich nach Deutschland führen.

*Das Fernsehinterview zwischen Domenach und Illich ist verfügbar über das Internetportal INA.fr oder Youtube.com

Inzwischen (seit 1974) zieht es Illich auch nach Europa, besonders aber nach Deutschland, anfangs auch nach Wien, den Hauptort seiner Kindheit und seines wienerischen Deutsch. Erziehungsreformer wie Hellmut Becker und Hartmut von Hentig hatten ihn in Cuernavaca besucht. Seine großen Pamphlete kursieren inzwischen in hohen Auflagen dank des sehr erfolgreichen Engagements von Freimut Duve, dem Herausgeber von rororo aktuell, einer Reihe bei Rowohlt, in der Ivan Illich seit den 1970er Jahren publiziert wird. Er nimmt Einladungen zu freier Lehrtätigkeit an den Universitäten von Kassel, Marburg, Oldenburg und Bremen an, gestaltet den furiosen Auftakt des Berliner Wissenschaftskollegs mit (1981–1982, siehe auch [Pörksen, 2014]). Trotz vieler Unterbrechungen mit Vorträgen weltweit und intensiver Lehrtätigkeit in den USA (Pitzer College, Divinity School Chicago University, Penn State University) kann er, dank der Initiative der Bremer Universität, die ihm seit 1991 eine regelmäßige Lehrtätigkeit über frei gewählte Themen (außerhalb jeglicher Curricula) im jeweiligen Wintersemester anbietet, und dank der Gastfreundschaft im Bremer Hause Barbara Dudens, seiner Arbeit ganz andere Konturen geben. Dies dank der freundschaftlichen Herausforderungen und Kooperation ganz verschiedener rebellischer Gruppen: Pädagogen (Marianne Gronemeyer, Christian Mahrzahn, Johannes Beck, Heinrich Dauber), Technikkritiker und Ökologen (Wolfgang Sachs, Otto Ulrich, Sigmar und Angelika Groeneveld, Hermann Hatzfeldt, Ernst Ulrich und Christine von Weizsäcker), Theologen (Stephan Pfürtner, Wolfgang Huber) und besonders Historikern, Sprach- und Kulturwissenschaftlern (Lenz und Ruth Kriss-Rettenbeck, Uwe und Gunhild Pörksen, Ludolf Kuchenbuch, Rudolf zur Lippe, Barbara Duden) und Architekten (Jean Robert, Joseph Rykwert).

In diesem differenzierten mitteleuropäischen Kulturklima, das geprägt war von steigender Arbeitslosigkeit, Antiatom- und Ökologiebewegung, feministischem Aufbruch und Widerstand, linksradikalen Attentaten und ihrer umfassenden Verfolgung, beginnt sich Illich – nach dem Weltecho seiner Schul-, Medizin-, Technik- und Verkehrskritiken, die ja aus der Perspektive der ‹Dritten Welt› und der Erfahrung Lateinamerikas formuliert waren – umzuorientieren. Er sucht, über die Analyse der kontraproduktiven Effekte der Institutionen hinaus, zusammen mit seinen Freunden und Studierenden mit einer Energie und Umsichtigkeit ohnegleichen nach tragfähigerem Gegenwissen zur Kritik der sich rasant verändernden Gegenwart – und findet sie in der Geschichte, insbesondere in der des europäischen Westens. Diese schwer fassbare Anstrengung, die Illich immer wieder Be-Fremdung (von Selbstverständlichkeiten) nennt, bezieht sich zum einen auf eine dafür geeignete Ausdrucksweise. Illich geht angesichts der medialen Manipulationen (statistische Visualisierungen, Digitalisierung von Wort, Ton, Bild) um ihn herum daran, seine Schulkritik in eine Sprachkritik zu transformieren. Daraus resultiert eine Reinigung seiner eigenen Ausdruckweise von bürokratisch-technogenen Modernismen. Ihr folgt die historische Kritik des Modernisierungs-Vokabulars überhaupt, aber auch die weiterer Schlüsselwörter (Leben, Boden, Frieden, Ich-Du-Wir-Relation, Wasser als Metapher bzw. Ressource). Weiter macht er auf die verheerenden Wirkungen der schriftsprachförmigen Beschulung (erzogene Muttersprache) auf autonome mündliche Alltagsartikulationen aufmerksam. Und daraus gehen ganz neue Arbeiten zur Historisierung des Lesens und dessen Grundmediums, des Buchs, und dessen geistiger Form, des Texts, hervor. Diese zum Teil parallelen, zum Teil aufeinanderfolgenden Anstrengungen, sich zu befremden, beziehen sich aber genauso intensiv auf die Grundrevision alles ‹Sozioökonomischen›. Illich beginnt den Kapitalismus als Knappheitsregime zu betrachten: *Einführung in die Kulturgeschichte der Knappheit* [Babel, 12–31]. Er deutet die Armut in rettende Bedürfnislosigkeit um, spricht von schöpferischer Arbeitslosigkeit bzw. Eigenarbeit, denunziert im Konsum die Schattenarbeitsanteile und sagt mit dem neuen Buch *Genus* (1982 und 1983) der Farce der von männlicher Lohnarbeit konzipierten und dominierten, aber nun von den Frauen als ökonomische Emanzipation eingeforderten ‹gerechten› Lohnarbeitsgleichheit einen radikalen Kampf an. Der kam zur falschen Zeit. Dazu später mehr.

Insgesamt zieht Illich seine nun historisch begründete Gegenwartskritik immer stärker zu denjenigen Zumutungssträngen zusammen, die die autonome Person ihrer *conditio humana* berauben. Die verschiedenen Dimensionen dieser Enteignungsstrategien drückt er gern in lateinischen Attributen aus: homo educandus, homo transportandus, homo oeconomicus, homo medicandus, schließlich auch homo systemicus/systemizandus.

Für die thematischen Metamorphosen seiner folgenden Arbeiten bis zu seinem Tod scheint Folgendes charakteristisch: Illich, durch sein Krebsleiden geschwächt und den Zeitläuften zunehmend melancholisch gegenüberstehend, schränkt sein Hin und Her in der Welt (und zwischen Cuernavaca und Bremen) zunehmend ein und wird in den Bremer Wintersemestern gewissermaßen teilsesshaft. Die dortigen Vorlesungen, stets eine gezielt antiuniversitäre Bemühung für jeden, werden zum Ausgangspunkt und Probierfeld neuer Fragen und einer anderen Haltung. Illich vertieft seine Suche nach eben dieser *conditio humana* des Einzelnen und seiner modernen Zurichtung – insbesondere in der Zusammenarbeit mit Barbara Duden, den jungen Bremer und US-Mitarbeitern (Silja Samerski, Matthias Rieger, Sebastian Trapp, Sajay Samuel, Samar Farage). Die frühere Medizinkritik verschiebt er zu körper-, sinnes-, wahrnehmungs- und mediengeschichtlichen Studien – besonders der Strang Auge, Blick, Perspektive, Foto, TV, Bildschirm wird verfolgt. Keinem dieser Themenfelder fehlen Fragen und Antworten zum ‹richtigen› Umgang, zur angemessenen Form – Askese des Blicks, Proportionalität der Beziehungen, Verweigerung technogener Entscheidungszumutungen. Dazu kommen immer dringlicher werdende Arbeiten über die Anzeichen der Fassung der sozialen Einzelexistenz als systemische Monade, als Systemstelle im digitalisierten Waren- und Profituniversum. Dem setzt Illich die konspirative und frohsinnige Freundschaft entgegen. Lebendiger Beweis sind die unzähligen offenen Gespräche und Gelage in Dudens Bremer Haus. Und er gibt schließlich vorsichtige Auskunft über die ihn quälende Verkehrung der befreienden evangelischen Offenbarung in die ärgste Entmündigung durch die Kirche (in Interviews mit David Cayley, die im Deutschen 2006 in Buchform herauskamen [Flüsse]).

Wie arbeitet er? Wie in der berühmten Zeit von Cuernavaca: Sobald eine Fragestellung aufgetaucht ist, werden verschiedene «Schüler» angeregt, zu deren Untersuchung beizutragen. Dann wird eine kommentierte Bibliographie erarbeitet. Alle auf der Welt verfügbaren Datenbanken werden herangezogen (siehe den Bericht von Gesine Bottomley in [Challenges, 53 ff]). Wörterbücher werden ebenso wie Studien der vergleichenden Etymologie in Zettelkästen festgehalten. Keine Spur darf vernachlässigt werden. Durch die bibliographischen Datenbanken im Internet und die interuniversitäre Ausleihe sind Dissertationen und seltene Werke leicht zugänglich und werden umgehend ausfindig gemacht. Illich knausert nie mit einem Literaturhinweis. Offensichtlich gefällt es ihm, seinen Lesestoff zu teilen. Wenn ich in Paris mit ihm zu Abend aß, ging ich immer mit einer Literaturliste zu meinen Themen weg. Umgekehrt war das weniger der Fall. Es ist mir zum Beispiel niemals gelungen, ihn zu bewegen, Henri Maldiney oder Georg Simmel zu lesen. Er weigerte sich geradezu, mit mir über Martin Heidegger zu sprechen, als ich ihn mit dessen Äußerungen herausforderte, denn ich sah und sehe noch immer eine große Nähe zwischen manchen ihrer Thesen. Er verabscheute ihn, fand ihn feige und vor allem hasste er seine jargonhafte Schreibweise. In seinen Büchern nach 1976 werden diese Literaturhinweise systematisch angelegt und umfassen manchmal mehr Seiten als der Essay selbst. Sie lassen sich mühelos lesen und bergen Schätze. Das Abfassen des Textes und seine Ausarbeitung brauchen gleichfalls Zeit und durchlaufen mehrere Versionen, die meist gemeinsam besprochen werden. Sie sind Gegenstand von Seminaren und provisorischen Fassungen, die von den einen oder anderen gebührend kommentiert werden. Anlässlich des Erscheinens als Artikel in einer Zeitschrift oder als Kapitel eines seiner Bücher merkt Illich sinnreich an, was er dem einen oder der anderen verdankt.

Seine in zahlreiche Sprachen übersetzten Bücher

Auch wenn der Leser des Gesamtwerks Linien der Kontinuität finden wird, die die dreizehn Bücher, die Ivan Illich zwischen 1970 und 2004 veröffentlicht hat, durchziehen, muss man feststellen, dass sich die «große Öffentlichkeit», die Buchhandlungen und die Kritiker vornehmlich für die ersten seiner Essays interessieren (die «Pamphlete»). Das beweist die Zahl ihrer Übersetzungen. *Celebration of Awareness. A Call for Institutional Revolution* erscheint 1970 auf Englisch und wird sofort ins Deutsche (1970), ins Französische und Niederländische (1971), ins Portugiesische (1973), Griechische (1977), später ins Japanische (1985), Polnische (1994) und Farsi (1353 Hijri-Kalender) übersetzt. *Deschooling Society* erscheint gleichzeitig auf Englisch, auf Französisch und auf Deutsch (1971), dann auf Finnisch und Schwedisch (1972), auf Norwegisch (1973), auf Spanisch (1974), auf Malaysisch (1975), auf Japanisch (1977) und auf Indonesisch und Portugiesisch (1982). Es ist das weltweit meistverkaufte Buch und hat auch die meisten Reaktionen hervorgerufen (Artikel, Bücher, spezielle Dossiers, Konferenzen und Seminare ...). *Tools for Conviviality* ist 1973 in Großbritannien und den USA im Buchhandel, gleichzeitig wie in Frankreich, aber die französische Fassung dient als Grundlage für die Übersetzungen ins Dänische, Holländische, Japanische, Spanische (1973), Deutsche (1975 in einer vom Autor überarbeiteten und erweiterten Ausgabe, und von ihm als endgültige Fassung angesehen) und auf Italienisch (1978). *Energie und Gerechtigkeit* stellt eine Erweiterung von *La Convivialité* dar und erscheint 1973 auf Französisch in mehreren Folgen in der Tageszeitung *Le Monde*. Diese Aufsätze werden im selben Jahr in Frankreich und in den Niederlanden in Buchform aufgenommen, im folgenden Jahr auf Dänisch, Deutsch, Spanisch und Schwedisch, dann auf Portugiesisch (1975) und auf Norwegisch (1992). *Medical Nemesis, the Expropriation of Health* wird in den USA, dann in Großbritannien herausgegeben (1974), aber es ist eine erste Kurzfassung eines später für die französische Ausgabe (1975) vom Autor überarbeiteten und erweiterten Buches, unter Mitarbeit von Jean-Pierre Dupuy, Helène Maillard, Maud Sissung und Paul Thibaud. Illich wird gleichfalls an der italienischen (1977) und der deutschen Übersetzung mitwirken (1975, 1977 und eine erweiterte Fassung 1995). Das Buch wird auch ins Portugiesische (1975), Norwegische (1975), Schwedische (1975), Spanische (1984), Hindi (1985), Kroatische (o.D.) übersetzt. *The Right to Useful Unemployement and Its Professional Enemies* erscheint auf Englisch 1978, auf Französisch als Nachwort zu *La Convivialité* (1977), auf Deutsch unter dem Titel *Schöpferische Arbeitslosigkeit* in: *Fortschrittsmythen* (1978), dann auf Spanisch, Dänisch und Japanisch (1979), auf Portugiesisch und Norwegisch (1980) und auf Finnisch (1990). *Shadow Work* wird 1981 auf Englisch, Französisch und Italienisch veröffentlicht, dann auf Deutsch und Japanisch (1982) und Niederländisch (1985). *Gender* erscheint 1982 auf Englisch, dann auf Französisch und Deutsch (1983, 1995 in einer neuen Übersetzung), auf Italienisch und Japanisch (1984), auf Schwedisch (1988) und auf Spanisch (1990). Eine Sonderstellung hat *Schule ins Museum. Phaidros und die Folgen*, das 1984 nur auf Deutsch erscheint. *H2O and the Waters of Forgetfulness. Reflections on the Historicity of ‹Stuff›* ist auf Englisch (1985) erhältlich, dann auf Deutsch und Japanisch (1987), Französisch (1988), Spanisch (1989), Italienisch (1990) und Türkisch (1991). ABC, *The Alphabetisation of the Popular Mind* wird 1988 in den USA und in Deutschland veröffentlicht, dann 1990 auf Französisch. *In the Mirror of the Past* erscheint zuerst auf Englisch und Italienisch (1992), dann auf Französisch (1994); mehrere Aufsätze dieses Bandes werden nach und nach in verschiedene Sprachen übersetzt. *Im Weinberg des Textes. Als das Schriftbild der Moderne entstand* erscheint 1991 auf Deutsch und Französisch, dann auf Englisch und Japanisch (1993) und schließlich auf Italienisch (1994).

Illich stirbt friedlich, so scheint es, während seiner Mittagsruhe im Haus von Barbara Duden in Bremen, Montag, den 2. Dezember 2002. Am selben Morgen kommentiert er den Aufsatz, an dem er mit Silja Samerski schrieb, eine Kritik des Risikodenkens, in dem sie das Buch von Gerd Gigerenzer – *Das kleine Einmaleins der Skepsis*, 2002 – besprechen [Zahlenzauber, 2003]. Gigerenzer fordert für alle die Ausbildung in Statistik, damit jeder über die Risiken informiert sei, die er eingeht. Samerski und Illich erinnern nun anhand der vom Autor bereitgestellten Zahlen, dass «999 von 1000 Frauen unnütz zu einer Mammographie geführt werden würden, und obendrein die falsch-positiven Ergebnisse eine Epidemie der Unsicherheit unter Dutzenden von ihnen ausgelöst hätten». Die Pseudo-Rationalität des Direktors des Max-Planck-Instituts für Bildungsforschung mokiert sich über den «gesunden Menschenverstand» der gewöhnlichen Leute und ihre sinnhaften Gewissheiten und lässt nur die statistische Wirklichkeit gelten, welche den «mündigen Bürger» in einen «informierten Konsumenten» verwandelt [Samerski, 2002 und 2010].

«Ein großer Gelehrter hat sich verabschiedet. Von dieser Art wächst kaum einer mehr nach. In die Trauer um seinen Verlust mischt sich bescheidener Stolz darüber, dass er so lange hier gewirkt hat.» Mit diesen Worten, vermutlich stammen sie von Johannes Beck, würdigt der Fachbereich 12 der Universität Bremen seinen Wahlprofessor. Weltweit folgen Nachrufe auf Ivan Illichs Tod, teils sachlich-informativ, teils unbeholfen, oft finden sich biographische Hinweise, manchmal Anekdoten. Die Zeitungen versuchen vergeblich, Ivan Illich einzuordnen, zuweilen bis hin ins Groteske. Die Tagesschau berichtet am 4. Dezember von einem Theologen und Kulturkritiker, der einem schweren Krebsleiden erlegen ist, von einem radikalen Denker und wegweisenden Zivilisationskritiker, der über die Entwertung der Verrichtungen des Körpers im Zusammenhang mit der Verbreitung der Toilette gesprochen hatte. Vielfach werden die frühen Bücher zitiert und Ivan Illich als konservativ-revolutionärer Kämpfer der 1970er Jahre geschildert. Henning Ritter erwähnt in der FAZ die *Entmündigung durch Experten* (1979), die *Nemesis der Medizin* (1977), *die sogenannte Energiekrise* (1974) und *Genus* (1983), Michael Mayer aus der Neuen Zürcher Zeitung fügt noch *Selbstbegrenzung* (1973) und *Entschulung* (1971) hinzu, die TAZ und die Süddeutsche Zeitung konzentrieren sich ebenfalls auf die 1970er Jahre. Wenige Stimmen beziehen sich auf Illichs spätere Publikationen. In der Frankfurter Rundschau weiß Ralf Grötker vom *Weinberg des Textes* (1990) und sogar von der Blickgeschichte, an der Ivan Illich und Barbara Duden gearbeitet haben.

Viele Autoren sind sich darüber einig, dass es um ihn in den letzten Jahren merklich ruhiger geworden ist. Bremen, Deutschland, Penn State und das Pitzer College, die Themen, die Ivan Illich und seine Freunde in den 1980er und 1990er Jahren umtrieben und die atmosphärisch so reich waren, erscheinen wie eine Fata Morgana am Horizont viel befahrener Strecken. Jean-Pierre Dupuy erklärt in einem Interview mit der *Libération*, Ivan Illichs Ideen würden «nicht mehr schockieren», sie seien akzeptiert und sein Vokabular («Konvivialität», «Kontraproduktivität» etc.) gehöre künftig in den normalen Sprachgebrauch. Hervé Kempf behauptet in *Le Monde*, dass Illich «die Phänomene der neunziger Jahre, das Internet und die Biotechnologie schlecht verstand». Dies zeigt, dass seine jüngsten Bücher noch nicht geöffnet worden waren.

Denken nach Illich

Im Dezember 2003 findet in Bremen ein rauschendes Symposion statt. Die Gäste sind international, sie kommen aus Italien, Kanada, Griechenland, aus den USA, Russland, Mexiko und Deutschland. Es geht um jene Freundschaft, die Ivan Illich Philia nennt, um die Suche nach «der Hoffnung und der Unruhe, die seine Essays, Anklagen, Studien antrieben und zusammenhalten» und um ein «Denken nach Illich» [Philia Symposion]. Im Pitzer College, Californien, wird ihm zu Ehren im März des darauffolgenden Jahres eine Vorlesungsreihe abgehalten, in der es ebenfalls um den Humus geht, sie trägt den Titel «Conversations: The Legacies of Ivan Illich» [Legacies], und in Penn State, wo er mit Carl Mitcham unterrichtete und diskutierte, wird ebenfalls ein Symposion für den Freund und Lehrer ausgerichtet – Ivan Illich at Penn State: Continuing the Conversation [Continuing the Conversation].

Es gibt Vorträge und Nachrufe von Freunden, die Einblicke in die gemeinsame Zeit mit Ivan Illich geben und voller Anekdoten sind, zum Beispiel die Vorlesung von Majid Rahnema in Pitzer College [Legacies] oder auch die Nachrufe von Heinrich Dauber (im Archiv von Johannes Beck) und Uwe Pörksen [Pressespiegel, 2003, 14]. Dann gibt es solche Vorträge, in denen es um den Zusammenhang zwischen Ivan Illichs Denken und eigenen Fragen und Tätigkeitsfeldern geht. Für Bob Duggan sind das die Akupunktur und das Tai Sophia Institute [Legacies], für Matthias Rieger ist es das Studium von Hermann Helmholtz' «Tonempfindungen» und für Silja Samerski eine Kritik des eigenen Studienfaches, der Humangenetik [Symposion zum Abschied]. Heinz Buddemeier ehrt seinen Freund und denkt dabei über die Anthroposophie nach (im Archiv von Johannes Beck). In noch anderen Vorträgen und Aufsätzen geht es um eine Übersicht, um die Suche nach einem Ausgangspunkt, von dem aus die Gespräche mit Ivan Illich intellektuell weitergeführt, erhellt und vertieft werden können. Diese Suchbewegungen kreisen um das eigentümliche «Vexierbild», in dem Ivan Illich in den letzten Jahrzehnten einerseits der öffentlichen Wahrnehmung entrückt war, während er zugleich aus Sicht vieler seiner Weggefährten eine Radikalisierung seines Denkens vollzog. Jean Robert [Nachrufe] und Barbara Duden [Symposion zum Abschied] versuchen zu fassen, worum es Ivan Illich seit den 1980er Jahren ging, was er thematisierte, wie er dazu kam, und worin der Kontrast zu seinen früheren «revolutionären» Schriften besteht. Unter welchem Licht lassen sich die frühen und die späten Schriften zusammenbringen oder ihre Heterogenität verstehen? Worin besteht die gemeinsame kritische Dimension in den frühen und späten Schriften? Solche Suchen sind von Spaltungen bedroht: Ist Ivan Illich von Marx ausgegangen oder von einer historischen Kritik des Werkzeuges oder von der Anthroposophie oder vom Gleichnis des Samariters? Lee Hoinacki hat, vielleicht als Einziger, das «Vexierbild» nicht als ein Problem der Rezeption, der Interpretation oder der Unkenntnis der Quellen von Ivan Illich thematisiert, sondern als Folge einer Wahl, die Ivan für sich getroffen hatte [Legacies]. Für Hoinacki kommt diese Ambivalenz Ivan Illichs durch apophasis zustande, sie entsteht durch ein Denken und Sprechen von Gott ex negativo, ausgehend von allem, was ihn verfehlt. Hoinacki versteht die Ambivalenz Ivan Illichs als das Bestehen einer esoterischen Denkbewegung in einer exoterischen Untersuchung, die man durchaus historisch oder politisch, philosophisch, intellektuell oder gelehrt nennen kann ...

Ein Geschichtsforscher der Gegenwart?

Als Theologe, Philosoph, Sprachforscher hat Illich in vielen Wissensgebieten recherchiert (in der «politischen Ökonomie» auf Anregung von Jean-Pierre Dupuy, nachdem er die Schriften von Karl Polanyi entdeckt hatte) und in vielen übergreifenden Themen (die «Schule» und die «Gesundheit», um zwei seiner Hauptgebiete zu nennen). Das erklärt, warum er manchmal als «Soziologe», «Pädagoge» oder «Ökonom» präsentiert wird. Als ich anlässlich der Vorbereitung dieses Bändchens sein gesamtes Werk nochmals las, bemerkte ich, wie sehr ihm seit den späten 1970er Jahren die Stellung des Historikers wichtiger wurde. In *Schattenarbeit* lesen wir: «In dieser Phase ist der Historiker und Philosoph verpflichtet, die Ursprünge und den Werdegang des Konzeptes der ‹Bedürfnisse› im Westen zu erhellen» [OC2, 109]. Und weiter: «Da ich Historiker bin, misstraue ich immer der Behauptung, etwas sei ‹völlig neu› (...). Das heißt nicht, dass ich in Bibliotheken nach einer anachronistischen Zustimmung zu den Neuerungen meiner Zeit suche, noch, dass ich sie als Renaissancen interpretiere. Die Bemühung, darüber mit Aristoteles, Abaelard oder Theresa von Avila zu sprechen, zwingt mich zu einem geduldigen, nüchternen und demütigen Studium» [OC2, 178].

In *Genus* schreibt er: «Als Historiker will ich die Ursprünge der ökonomischen Unterwerfung der Frau aufspüren; als Anthropologe möchte ich begreifen, was diese neue Einstufung über Verwandtschafts- und Familienbeziehungen aussagt; als Philosoph möchte ich klären, was dieses zählebige Argumentationsmuster über die Prämissen von Standardweisheiten mitteilt, besonders über jene, auf denen heute unsere Universitäten und die Sozialwissenschaften beruhen, [Genus, 13]. In dem Sammelband, der treffend *In the Mirror of the Past / Im Spiegel der Vergangenheit* betitelt ist, erklärt er seine Vorliebe für Geschichte und verteidigt seinen Weg als Historiker: «Weder instrumentalisiere ich die Vergangenheit, noch möchte ich mich dorthin flüchten. Ich studiere die Vergangenheit, um aus ihrer Perspektive auf die Axiome der mentalen Topologie des Denkens und Fühlens zu blicken, mit der ich konfrontiert bin, wenn ich schreibe oder spreche» [Mirror, 35]. In Bezug auf den Lautsprecher und das Ende einer spezifischen Stille räumt er ein: «Aber ich bin Historiker. Wenn ich zunächst zu Ihnen von der pastoralen Allmende, den Gemeindeweiden der Vergangenheit, gesprochen habe, dann, um die gegenwärtige und viel umfassendere Bedrohung zu zeigen, mit der die Elektronik die Allmende belastet» [Mirror, 52].

1979 beendet er seinen Vortrag in Colombo, Sri Lanka, *Die drei Dimensionen der öffentlichen Wahl,* mit dieser Empfehlung: «Doch die Fähigkeit, nicht nur nach neuen Weisen zu leben, sondern sich auch diese Freiheit zu nehmen, verlangt es, dass wir deutlich erkennen, was den *homo oeconomicus* von allen anderen Menschenwesen unterscheidet. Ich wählte das Studium der Geschichte als hervorragenden Weg zu diesem Ziel» [Mirror, 102]. Die Gegenwart, so Ivan Illich, lässt sich besser begreifen, wenn man ihre Geschichte erzählen kann. Dieses Eintauchen in die Vergangenheit der Gegenwart macht es möglich, sie zu verstehen. David Cayley vertraut er an: «Ich betrachte dieses Thema ähnlich wie jemand, der ‹sein Leben hinter sich› hat. Als Historiker. Und so vermeide ich den verzerrenden Schatten, den die Zukunft auf das werfen könnte, was ich analysiere» [Illich in Conversation, 128].

Bereits 1967 erkennt er die Vielfalt der individuellen und sozialen Zeiten, die sich in einem Moment verknüpfen: «Die Zukunft ist ja bereits in die Gegenwart eingebrochen. Jeder von uns lebt in vielen Zeiten. Die Gegenwart des einen ist die Vergangenheit des anderen und die Zukunft wieder eines anderen» [Klarstellungen, 154]. Er bemüht sich jedes Mal, die historischen Kraftlinien eines Themas zu ermitteln: Seit wann gibt es die Schule? Wie kam der oder der griechische Philosoph zu seiner Themenstellung? Wie verändert die Ausarbeitung eines Konzepts unsere Art zu denken? Er stimmt mit der Epistemologie Michel Foucaults überein und in seinen Studien unterwirft er systematisch alles einer minutiösen historischen Betrachtung: die Sprachen, das Auftauchen eines Begriffes, den Sinn der Dinge und der Wörter.

1980 rechtfertigt er sich in einem Vortrag in Yokohama (*Der gemeine Frieden*) dafür, dass er die Geschichte heranzieht: «Es geht mir nicht um die Rückkehr zur Vergangenheit. Diese dient mir nur dazu, den dynamischen Gegensatz zwischen einander ergänzenden Friedensformen zu veranschaulichen. Anders als Pläne und Ideale, ist Vergangenheit nicht etwas, was noch kommen wird. Anders als Theorien ist Vergangenheit nicht etwas, was sein sollte. Vergangenheit ist gewesen. Sie erlaubt mir, die Gegenwart im Spiegel des Gewesenen zu betrachten» [Gemeinheit, 120]. 1988 erklärt er in Boston vor Ökonomen: «Ich studiere Geschichte, um für die modernen Selbstverständlichkeiten feinfühlig zu werden, die zu unseren epochenspezifischen, apriorischen Wahrnehmungsformen geworden sind, weil sie nicht untersucht wurden» [Mirror, 35]. 1989 vergegenwärtigt er die Geschichte des Wortes «Leben» (in: *Die institutionelle Konstruktion eines neuen Fetischs: das menschliche Leben* [Mirror, 218 ff]). In der griechisch-lateinischen Antike gibt es kein Konzept des Lebens: *bios* bezeichnet den Lauf eines Schicksals, und *zoe* etwas wie die Leuchtkraft dessen, was lebendig ist. Im Hebräischen ist das Konzept ganz auf Gott gerichtet, es stammt aus Gottes Atem. Das Leben als substantiver Begriff taucht erst zweitausend Jahre später auf, zur gleichen Zeit wie die Wissenschaft, die sich daran macht, es zu studieren. Das Wort ‹Biologie› wurde zu Beginn des neunzehnten Jahrhunderts durch den französischen Naturforscher Lamarck geprägt. Er wandte sich gegen die Ausrichtung von Botanik und Zoologie im Barockzeitalter, die dazu neigte, aus diesen Wissenschaften ein rein klassifikatorisches Unterfangen zu machen. Indem Lamarck den Begriff ‹Biologie› schuf, definierte er gleichzeitig ein neues Untersuchungsfeld, die «Wissenschaft des Lebens» [Leben, 225 ff].

Solcherart Beispiele sind zahlreich in seinen Schriften, ebenso mythologische Berichte oder symbolische Deutungen. Für Illich kommt jede Kultur in ihre(n) Sprache(n), ihren Darstellungen zum Ausdruck, und schreibt sich in einen geschichtlichen Stoff ein. Darauf besteht er 1991 in der Einleitung zur Sammlung *In the Mirror of the Past* [Mirror, 10]: «Im Spiegel der Vergangenheit wird es möglich, die grundlegende Andersartigkeit unserer mentalen Topologie des zwanzigsten Jahrhunderts zu erkennen, und ihre generativen Axiome zu erfassen, die gewöhnlich jenseits der Reichweite gegenwärtiger Wahrnehmung bleiben.»

II

Kampfansage an die kontraproduktiven Institutionen (1): Kirche, Schule und Transportwesen

Illichs Kritik der «Industriegesellschaft» entsteht schrittweise, im Laufe der Jahre, und von einer wenig untersuchten Seite her, der der Dienstleistungen. Die schärfsten Kritiker des Industriekapitalismus beginnen in der Regel damit, dass sie die verheerenden Folgen des Maschinenbetriebs aufzeigen, die seiner höllischen Rhythmen, seiner ebenso dummen wie unnützen Hierarchie, der Entfremdung des Arbeiters, der sein Wissen verliert und zum anonymen und entwerteten Anhängsel des Maschinenwerkzeugs wird. Dieses Erklärungsmuster beruht auf der sozialistischen und gewerkschaftlichen Tradition des neunzehnten Jahrhunderts und wird durch die Schriften von Arbeitssoziologen untermauert, die die Veränderungen in der Industrie im Detail herausarbeiten (Taylorismus, Automatisierung und Vollautomatisierung, «neue Arbeiterklasse», Leih- bzw. Zeitarbeit, Outsourcing etc.). Die Dienstleistungen wie Sozialarbeit, Wohnungsbau, Schule, Krankenhaus, Transportwesen erregen nicht derart viele Debatten und Untersuchungen. Diese betreffen in der Tat die «Weißkrägen» («die Angestellten»), die man oft mit der «Mittelschicht» gleichsetzt, während der von den linken Parteien geführte Klassenkampf das Proletariat in den Vordergrund stellt. Illichs Ansatz war bereits hierin neu. Er nahm denen, die das Konzept der «Arbeiterklasse» für nicht mehr geeignet halten und finden, dass auch Angestellte und Landwirte ihrer Qualifikation enteignet werden, die Hemmung, eine andere Kapitalismuskritik auszuarbeiten, die dessen Strukturwandlungen gemäßer ist und für die es Zeit ist. Hierfür erwies sich seine Untersuchung der Institutionen als entscheidend, sie zerbrach deren scheinbare Neutralität und macht sichtbar, dass die Institutionen ihren Zweck nicht erreichen, sondern verkehren.

Die Kirche, Wiege der Perversion der Dienstleistungen?

Illichs erstes Buch hat im Französischen einen vielsagenden und programmatischen Titel: *Libérer l'avenir. Appel à une révolution des Institutions* (im Englischen *Celebration of Awareness*, im Deutschen lautete der Titel *Almosen und Folter. Verfehlter Fortschritt in Lateinamerika* und in allen späteren Auflagen: *Klarstellungen*). Er knüpft Erwartungen an die Zukunft und fordert, die Institutionen zu revolutionieren. Welche? Die Kirche und die Schule; beider Räderwerke kennt er ausgezeichnet und kann sie von innen her auseinandernehmen, als Priester und als Vizerektor, und zuvor war er Schüler und Seminarist gewesen. Die in seinem Buch versammelten Texte hat er zwischen 1951 und 1969 entworfen und teilweise überarbeitet. 1970 ist das Manuskript fertig. Erich Fromm stellt in seiner Einleitung die zentrale These als «radikalen Humanismus» vor und seinen Verfasser als «Mann von seltenem Mut, großer Lebendigkeit, außerordentlicher und brillanter Gelehrsamkeit und fruchtbarer Fantasie. Sein ganzes Denken gründet sich auf seine Sorge um die Entfaltung des Menschen – körperlich, seelisch und geistig» [Klarstellungen, 10].

In seinem «Vorwort» ist sich Illich der Radikalität seiner Gedanken bewusst. Er weiß, diese würden «den wohl etablierten Bürokraten gegen den Strich gehen (...), wenn diese gerade besondere

Schwierigkeiten hatten, eine ‹wie gehabt› Situation rational einzuordnen» [Klarstellungen, 11]. Der Inhalt der Aufsätze entspricht jedes Mal einer unmittelbaren Erfahrung. Das heißt: Wenn wir ihm zu den Puertoricanern nach New York und Puerto Rico folgen, dringen wir an ihrer Seite in die katholische Kirche ein, treffen auf «normale Amerikaner», um diese davon zu überzeugen, dass die Politik der Entwicklungshilfe im Grunde verbrecherisch ist, dass es sich letztlich um eine geplante Armut handelt, um die Steigerung der Abhängigkeit der Ärmsten von höchst raffinierten Institutionen, die von den Vermögenden verwaltet werden, die sich überall aufdrängen und für unersetzlich halten.

Die Erfindung von ‹Entwicklung›

Harry S. Truman (1884–1972) wird nach dem Tod von Franklin D. Roosevelt im April 1945 Präsident der USA. Er entscheidet, im August 1945 die Atombomben über Hiroshima und Nagasaki abzuwerfen, den CIA (Central Intelligence Agency, amerikanischer Geheimdienst) zu gründen, den Marshallplan ins Leben zu rufen, und nach seiner Wahl 1948 die Armee in Korea eingreifen zu lassen.

In seiner Antrittsrede am 20. Januar 1949 führt er ungewollt die Frage der «Entwicklung» in den politischen Diskurs ein: «Wir müssen ein ehrgeiziges, neues Programm lancieren, um den Nutzen unseres wissenschaftlichen Vorsprungs und unseres industriellen Fortschritts in den Dienst der Verbesserung und des Wachstums der unterentwickelten Länder zu stellen. (...) Das Wachstum der Produktion ist der Schlüssel für Wohlstand und Frieden». Am 20. Januar 1961 erklärt Präsident John F. Kennedy in seiner Antrittsrede: «Den Bewohnern von Hütten und Dörfern auf der Hälfte des Planeten, die dafür kämpfen, die Ketten des Massenelends zu brechen, versprechen wir, unser Bestes zu tun, ihnen dabei herauszuhelfen, wie lange das auch immer braucht. Nicht weil die Kommunisten das tun könnten, nicht weil wir ihre Wählerstimmen suchen, sondern weil es richtig ist. Wenn eine freie Gesellschaft der Masse der Armen nicht helfen kann, kann sie die kleine Zahl der Reichen nicht retten.»

Dieser Einsatz des Reichtums, so Illich, wird «die Armut modernisieren» und wird sie in Abhängigkeit und Sozialhilfesysteme verwandeln. Ganz besonders lehnt er die Hierarchisierung ökonomischer Stadien von «Entwicklung» ab, eine Theorie, welche ein Berater Kennedys, der Ökonom W. W. Rostow, in *The Stages of Economic Growth: A Non-Communist Manifesto* (1960) formuliert hatte. Diese universelle Hierarchisierung legt die gleiche Wegstrecke fest – mit einer je nach Gesellschaft mehr oder weniger großen «Verspätung». So sind einige «entwickelt» und andere «unterentwickelt» und ihnen muss man daher «helfen», die Entwicklung zu erreichen, indem man die Bildung einer den kollektiven Idealen widerstrebenden «Mittelschicht» fördert. Illich entlarvt nicht nur diese ideologisch orientierte «Hilfe», sondern vor allem das, was diese «Entwicklung» verbirgt: eine Theorie der «Bedürfnisse», die jeden von «Mängeln» abhängig macht, für die er nichts kann. In eine entwickelte Gesellschaft einzutreten, läuft darauf hinaus, der Konsumgesellschaft beizutreten, die nach Günther Anders die «Antiquiertheit des Menschen» bewirkt.

Lektüre: *Schattenarbeit oder Vernakuläre Tätigkeiten. Zur Kolonisierung des informellen Sektors* [Schattenarbeit]; *The Delinking of Peace and Development* [Mirror, 15–26]; [Bedürfnisse]; *De la «société de consommation» et de ses détracteurs* [Paquot, 2008]; *Die Macht der Bedürfnisse* [Gronemeyer, 2002]

Celebration of Awareness hat die Wirkung eines Donnerschlags in einen heiteren Himmel. Denn gerade zu dieser Zeit verspricht das Zweite Vatikanische Konzil eine Reform der Kirche, die der Verstädterung der Sitten Rechnung tragen soll, der Individualisierung des Glaubens, dem zahlenmäßigen Schwund der Berufung, neuen Gesellschaftsformen, einem sich in das moderne Leben besser einfügenden Gottesdienst etc. Und Illichs Bravourstück spricht nun von der «Kehrseite der Barmherzigkeit», vom «Verschwinden des Priesters», von der «Ohnmacht der Kirche». Damals hält sich die Dritte-Welt-Bewegung für unbesiegbar (zahlreiche Kolonien haben, friedlich oder nicht, die Unabhängigkeit erreicht) und internationale Organisationen öffnen sich für die «Entwicklung» der «armen» Länder. Alles wird gut... Illich teilt solche Schwärmerei nicht, im Gegenteil, er ist darüber empört, dass eine ökonomische Politik, die sogenannte «Entwicklungshilfe», verallgemeinert werden soll. Eine derartige Verkehrung eines scheinbar simplen Mechanismus verlangt eine Analyse, nicht um sie anzuprangern, sondern um zu verstehen, wie sie funktioniert.

Seine Texte sind streitbar. Zumindest in dieser Epoche ist Illich davon überzeugt, dass es im guten Sinne möglich ist, einige kollektive Aktionen neu auszurichten und dadurch für die Entrechteten andere, günstige Aktionen anzukurbeln. Er zögert nicht, verschiedene im maoistischen China und in Kuba praktizierte Maßnahmen als Beispiel anzuführen. Das wird er später nicht mehr tun, im selben Maße, in dem regimekritische Nachrichten der offiziellen Propaganda zu widersprechen beginnen. Sein Aufenthalt in Puerto Rico hatte ihm die Augen für die von den USA importierte Entwicklung geöffnet, und er notiert, dass die Puertoricaner «nicht ein Mehr an Hilfe brauchen, sondern ein Weniger an Einordnung in frühere Kategorien; und sie brauchen Verständnis» [Klarstellungen, 107]. Das Prinzip der Hilfe stellt er nicht in Frage, aber deren Modalitäten: «während der ersten fünf Jahre des Programms hat sich das aus Lateinamerika abfließende Kapital verdreifacht. Das Programm ist zu klein, um auch nur den Anfang eines stetigen Wachstums zu ermöglichen. Es ist ein Knochen, den man dem Hund hinwirft, damit er auf dem amerikanischen Hinterhof Ruhe bewahrt» [Klarstellungen, 86]. Das gilt auch für die Priester und Nonnen, die aus dem Norden gekommen waren, um zum «Abheben» (*take off*) der Länder des Südens beizutragen: «Nach Lateinamerika entsandte Missionare können 1) eine fremde Kirche noch mehr entfremden; 2) einer personell überbesetzten Kirche die Priesterplage bescheren und 3) Bischöfe in elende Bettler verwandeln» [Klarstellungen, 82]. Während die Kirche eine tiefgreifende Krise durchlebt, die zu ihrem fortschreitenden Verschwinden aus der Alltagskultur und den institutionellen Zusammenhängen auf der Ebene des Staates und der politischen Machtapparate führt, verkündet er: «Die Leitung der ‹normalen› christlichen Gemeinde der Zukunft wird ein erwachsener, zum Amt geweihter Laie übernehmen. Das Amt wird eher eine Freizeitbeschäftigung als ein Job sein. Die ‹Diakonie› wird als die grundlegende institutionelle Einheit in der Kirche die Pfarrgemeinde ablösen» [Klarstellungen, 61]. Anfang der 1960er Jahre ist er nicht der Einzige, der so denkt, und man ist zuweilen gezwungen, einzuräumen, dass das mangels Alternativen so ist, aber nicht wirklich von der Kirche so gewollt, dass sie das hinnehmen und voranbringen wird …

Eine zweite persönliche Erfahrung betrifft die Schule. Was er in Puerto Rico gesehen hat, ermutigt ihn, dem Chor der Befürworter einer Schule im Dienste der Entwicklung nicht beizupflichten. «Es ist heute schwierig, die Schule als System in Frage zu stellen, weil wir so daran gewöhnt sind. Unsere industriellen Kategorien sind dazu angetan, Ergebnisse als die Produkte spezialisierter Institutionen und Instrumente anzusehen. Armeen liefern ihren Ländern Verteidigung, Kirchen sorgen für die Erlösung im Jenseits. Alfred Binet, der französische Psychologe, hat die Intelligenz als das definiert, was seine Tests testen. Warum soll man dann nicht Bildung als Erzeugnis von Schulen verstehen? Lässt man dieses Etikett erst einmal gelten, so macht Bildung ohne Schulen den Eindruck, als wäre sie etwas Unechtes, Illegitimes und in jedem Fall Unbeglaubigtes» [Klarstellungen, 31]. Das kämpferische Handeln Paulo Freires beeindruckt ihn, und er lehnt das gegliederte Schulsystem ab; ebenso bemängelt er, dass Autodidakten ausgegrenzt werden, und vor allem den unglaublichen Anstieg der Staatsausgaben für Schulen. In einer Rede an der Staatsuniversität von Puerto Rico sagt er: «Ihnen bleibt es überlassen, den Kampf gegen die freie Staatsschule im Namen echter Chancengleichheit im Bildungswesen zu führen. Ich bewundere diejenigen von Ihnen, die mutig genug sind, diesen Kampf aufzunehmen» [Klarstellungen, 23]. Für einen Lehrer zum Beispiel, der nach der Freinet-Pädagogik unterrichtet, ist es schwer, diesen Vorschlag zu akzeptieren: Würde er deshalb kündigen? Illich geht noch einen Schritt weiter: «Die Schulen der Dritten Welt flößen ihr Opium viel wirkungsvoller ein, als zu früheren Zeiten die Kirchen» [Klarstellungen, 144]. Hier findet sich bereits, was Illich in *Entschulung der Gesellschaft* vertiefen wird.

Paulo Freire – der Pädagoge der Unterdrückten

Der Brasilianer Paulo Freire, geboren in Recife 1921, gestorben 1997 in Sao Paulo, hat sein Leben der Pädagogik und vor allem der Alphabetisierung von Erwachsenen gewidmet. Die Diktatur beendet 1964 das Experiment eines ehrgeizigen Erziehungsprogramms für Bauern des Nordostens, und sperrt seinen Initiator ein. Nach seiner Ausweisung nach Chile setzt er, mit Unterstützung des Präsidenten Frei, seine Arbeit während einiger Jahre bei chilenischen Bauern fort. Am Ende der 1960er Jahre unterrichtet er in Harvard und entdeckt den Kampf der Schwarzen für Bürgerrechte und der antimilitaristischen Studenten gegen den Vietnamkrieg. Die Unterdrückung ist also nicht nur auf die Länder der Dritten Welt beschränkt. Von 1970 bis 1980 wird er vom Ökumenischen Rat der Kirchen nach Genf rekrutiert und verfasst das Buch, das ihn weltweit bekannt machen wird: *Die Pädagogik der Unterdrückten* (Reinbek 1973). Darin zeigt er, dass der Mensch sich ohne Bewusstwerdung seiner Unterdrückung («conscientisation») nicht für den Weg der Alphabetisierung und der Befreiung einsetzen kann. «Niemand erzieht einen anderen – liest man –, niemand erzieht sich allein, die Menschen erziehen sich gemeinsam durch die ‹Mittelsperson› Welt». Ausgehend von Wörtern des Alltags, vom Namen des Werkzeugs, das man gebraucht, der Pflanzen, die man anbaut, der Tiere, die man versorgt, also ausgehend von siebzehn Schlüsselwörtern, lernt der analphabetische Bauer tatsächlich in zwei Monaten zu lesen. Freires Methode wird in zahlreichen Ländern angewandt, die sich von der Kolonialmacht befreien (Mozambique, Angola, Nicaragua). 1989 kehrt er nach Brasilien zurück, wird Sekretär für Erziehung von Sao Paolo und beginnt eine tiefgreifende Reform des Schulsystems.

1960 trifft Ivan Illich Helder Camara (1909–1999), den Erzbischof von d'Olinda und Recife, der ihm rät, Brasilien zu bereisen, und ihn mit Paulo Freire bekannt macht. Sie befreunden sich, aber wenige Zeit später wird Paulo eingesperrt und Ivan ersucht Teodoro Moscoso, den Verwalter der Allianz für den Fortschritt, zu intervenieren, um Paulo und den Bauernführer Francisco Juliào frei zu lassen. «Ich habe Freire dann nach Cuernavaca gebracht, wo wir sein erstes Buch außerhalb Brasiliens bearbeitet und veröffentlicht haben. Dann haben wir seine Schriften übersetzt und sie in alle Welt verbreitet. Ich war sicherlich sehr beeindruckt von dem, was Paulos Team tat. Dies bezeugen einige Seiten von *Entschulung der Gesellschaft*. Aber ich bewegte mich von der Kritik der Beschulung zur Kritik der Auswirkungen von *Erziehung* auf die Gesellschaft. Sie züchtet den Glauben, dass man den Leuten helfen müsse, Einsichten in die Wirklichkeit zu gewinnen, und dass sie Hilfe bräuchten, um sich auf das Leben oder den Gelderwerb vorzubereiten. Erziehung von Erwachsenen versucht dann, sich aufzudrängen und obligatorisch zu werden. Das war es, was ich mit einem sehr kritischen Auge untersuchen wollte (...) Unsere Freundschaft blieb herzlich, sie hat durch diesen Dissens nicht gelitten» [Illich in Conversation, 206].

In einem Vortrag von 1967 erzählt Illich: «nie werde ich einen Abend mit Freires Schülern, hungrigen Bauern in Sergipe, zu Beginn des Jahres 1964 vergessen. Ein Mann stand auf, rang nach Worten und drückte schließlich in einem Satz das aus, was ich in diesem Aufsatz darzulegen versucht habe. ‹Letzte Nacht konnte ich nicht schlafen, weil ich gestern Abend meinen Namen geschrieben habe... und ich begriff, dass ich bin... das heißt, dass *wir* verantwortlich sind› ...» [Klarstellungen, 134].

[Freire, 1974; Humbert, 1994; Chambat 2006 a]

Er versteht damals etwas, das ihm erlaubt, seine Kritiken zu bündeln: «Ich will nichts *gegen* die Kirche sagen, ich versuche, ein grundsätzliches Problem aufzuwerfen: Was bedeutet Kirche mit dieser Tradition in der heutigen Welt? Deshalb versuche ich, meinen Studierenden beizubringen, dass die meisten der Schlüsselideen, die aus der gegenwärtigen Welt diese einzigartige Wirklichkeit machen, die sie ist, einen christlichen Ursprung haben» [Illich in Conversation, 103]. Aus diesem Grund wird er später «Bedürfnisse» als Resultat einer bestimmten Theologie behandeln, gleichfalls, beispielsweise, unser Verständnis von «Tod» und von «Schmerz». Aber damals stellt er diese Verbindungen zu dem, was er sich erst im Laufe der 1980er und 1990er Jahre vornehmen wird, noch nicht her, und so lobt er die sanften, umweltfreundlichen «Lösungen», wie eine fußgängerfreundliche Städteplanung, Fertigbau, die Schulwerkstatt etc.

Entschulung der Gesellschaft

Je mehr das Niveau der Abschlüsse mit der Verallgemeinerung der Beschulung wächst, desto größer ist die Zahl der «Durchgefallenen». Das kann man in Frankreich zwischen 1960 und 1990 beobachten (und gilt ebenso für die Mehrzahl beschulter Länder. Als Beweis reicht, sich den Jahresbericht der OECD vorzunehmen). Die Opfer des schulischen Misserfolges füllen die Ränge der «An-Alphabeten», obwohl sie den Beginn einer Alphabetisierung erhalten haben. Die Schule sortiert mehr aus, als dass sie orientierte; sie stigmatisiert mehr, als dass sie jedem die ihm nötige Zeit ließe, um etwas zu verstehen. Lernen? Ja, aber lernen zu lernen. Und zu sein. Das erinnert an Kant, der wusste, dass es darauf ankommt, «Lernen zu lernen» (das ist der Titel eines für die UNESCO redigierten Aufsatzes von Majid Rahnema, einem Freund von Illich). Die Beurteilung des Erkenntnisweges in Begriffen wie «Scheitern» oder «Erfolg» bringt eine Konsumentenideologie zum Ausdruck, die zugleich die Effektivität eines Systems, das Wissen und Diplome verteilt, und die Produktivität eines Individuums (Lehrer oder Schüler) misst. Bekommt der Kunde-Schüler genug für sein Geld? Diese Logik lehnt Illich ab, wenn er dazu aufruft, die Gesellschaft zu «entschulen».

«Ich möchte einige beunruhigende Fragen erörtern, sobald wir die Hypothese akzeptieren, dass die Gesellschaft entschult werden kann. Ich möchte nach Kriterien suchen, mit deren Hilfe wir die Einrichtungen umreißen können, die Förderung verdienen, weil sie das Lernen in einer entschulten Umwelt unterstützen. Ich möchte schließlich diejenigen persönlichen Zielvorstellungen klären, die der Heraufkunft eines Zeitalters der Muße (*scholé*) anstelle einer von Dienstleistungsbetrieben dienlich wären» [Entschulung, 8]. Halten wir fest: das griechische Wort *scholé*, also «Muße», ergibt das französische «école», das englische *school* und das deutsche *Schule*. Es meint die Zeit, die nichts anderem gewidmet ist als der Erkenntnis von sich selbst und dem anderen. Diese «Muße» entschlüpft folglich jeder Form von «Rentabilität». Auf Latein wird es mit «otium» («Muße») übersetzt, aber das französische Wort «loisir» kommt vom lateinischen Tätigkeitswort «licere», woraus auch «licite» («erlaubt», «zulässig») entsteht. Der tiefe und alte Sinn von «Muße» («loisir») ist so gut wie verschwunden: Fortan ist die Muße das, was nach der Arbeit bleibt, was autorisiert, erlaubt ist. Kommen wir zurück zu Illich und seiner Brandschrift, deren Veröffentlichung die Publikation einiger Aufsätze vorausgegangen war (die Kapitel 1, 3 und 6 sind im *New York Review of Books* erschienen, die französischen Zeitschriften *Esprit* und *Les Temps modernes* übersetzten ebenfalls ein oder zwei Kapitel), ferner ein Seminar in Cuernavaca, das im Frühjahr 1970 abgehalten wurde (mit Paul Goodman, Gerhart Ladner, Paulo Freire, Peter Berger …), sowie zahlreiche Kommentare (darunter von Everett Reimer, den Illich 1958 in Puerto Rico kennenlernte, und der ihn anregte, sich erneut der Sache Schule anzunehmen, während er selbst gerade dabei war, seine Überlegungen aufzuschreiben: *Schafft die Schule ab. Befreiung aus der Lernmaschine* [Reimer, 1972]).

«Tod der Schule» von Everett Reimer

1956, zwei Jahre nachdem Everett Reimer (1910–1998) in Puerto Rico angekommen war, trifft er Ivan Illich. Er folgt ihm 1968 nach Cuernavaca, um die Arbeitsgruppe über die Schule zu leiten, zuvor war er Mitglied der «Allianz für den Fortschritt». Ihre Diskussionen führen sie dazu, ähnliche Gesichtspunkte einzunehmen und dieselben Autoren heranzuziehen (Philippe Ariès, Paulo Freire, Paul Goodman ...). Everett Reimer veröffentlicht *School is Dead. Alternatives in Education* (1970), ins Deutsche übersetzt als *Schafft die Schule ab. Befreiung aus der Lernmaschine* (1972). In dreizehn zügig entwickelten Kapiteln macht der Autor der Schule den Prozess (eine «neue Kirche»), studiert deren Räderwerk (Fabrik sozialer, anfechtbarer und ungerechter Mythen), entlarvt die Privilegien, welche solcherart Institutionen schaffen (die Kinder der Reichen schließen besser ab als die Kinder der Armen); er schlägt «Netzwerke von Diensten» und eine «Erziehungsbank» vor (damit jeder an einem Moment seines Lebens in den Genuss eines Teils des Erziehungsbudgets kommt), beschreibt die revolutionäre Rolle der Schule und entwickelt eine «Strategie für eine friedliche Revolution».

Als Schlussfolgerung schreibt er: «Die Strategie und verschiedene Taktiken auf drei Niveaus – der demokratischen Politik, des passiven Widerstands und der Guerillakämpfe – haben mehrere wichtige Elemente gemeinsam. Sie hängen viel mehr von Kooperation als von Zwang ab. Sie sind abhängig von einer lokalen Leitung und als solche einer Zentralisierung entgegengesetzt. Sie hängen von einer Verteilung der Aufgaben, der Verantwortung und der Vorteile ab, die so gerecht wie möglich ist. Alle diese Faktoren charakterisieren ebenso eine heile und gerechte Welt. Dies braucht es, um zu einer tragfähigen Welt zu kommen, die der Mühe wert ist. Folglich werden die Menschen lernen, sie nach und nach zustande zu bringen, indem sie zu ihrer Verwirklichung beitragen. Wahrscheinlich gibt es keinen anderen Weg, eine Gesellschaft von Menschen mit Menschen und für Menschen zu schaffen, als durch persönliche Kooperation, in der jeder Einzelne zuerst das eigene Leben dem Licht der gemeinsamen Prinzipien verschreibt und dann mit Anderen zusammenwirkt, die dieselben Prinzipien teilen» [Reimer, 1972].

Die These ist fortan bekannt: Das Schulsystem des Nordens und des Südens ist unverhältnismäßig aufwändig, gemessen an seinen Ergebnissen (Langeweile der Schüler, schulisches Scheitern, wiederholte Klassen, entwertete Studiengänge, Überproduktion bestimmter Diplome, Unbehagen zahlreicher Lehrer, Bürokratisierung der Verwaltung, Stundenpläne ohne Rücksicht auf zeitliche Rhythmen, willkürliche Programme, Missachtung der alternativen und experimentellen Pädagogik ...). Diese neue Weltreligion verschont niemanden: «Reiche und Arme sind gleichermaßen auf Schulen und Krankenhäuser angewiesen, die ihr Leben lenken» [Entschulung, 19]. Anstelle einer Beschulung, die die Menschen von der Geburt bis zum Abitur und weiter bis ins Greisenalter beschäftigt, schlägt Illich eine Bildung à la carte vor, die es jedem im Laufe des Lebens erlaubt, aus vier «Anlagen» zu schöpfen, die Illich nennt [Entschulung, 112]. «Wir brauchen neue Anlagen, die der Öffentlichkeit ohne weiteres zur Verfügung stehen und so beschaffen sind, dass sie jedermann gleiche Gelegenheiten zum Lernen und Lehren anbieten» [Entschulung, 11]. Diese Anlagen ermöglichen jedem, «sein Umfeld besser zu verstehen, es mit eigenen Händen zu formen, und besser als bisher damit umzugehen». Er versichert, dass diese von Fall zu Fall angepasste Beschulung jedem die größtmögliche Autonomie gewährleistet. Was sind diese vier Anlagen? Die erste ist die Grundschule, die man mit ihren Zyklen, ihren Klassen, ihren Programmen, Lehrern und Examen kennt. Die zweite Anlage entsteht in der Arbeitswelt und ähnelt der Lehre vor Ort und dem Gesellentum, jener außergewöhnlichen Beziehung, die zwischen einem Lehrling und einem Gesellen besteht. Die dritte verbindet alle Orte, an denen Sachkenntnisse zu Tage treten (Konservatorien, Bibliotheken, Sportclubs, Kulturzentren, Museen ...). Die vierte steigert sich mit dem Computer um ein

Vielfaches und wertet auf der Grundlage von Zusammenschlüssen, von persönlichen Beziehungen etc. jeden Austausch von Kenntnissen auf. Es versteht sich von selbst, dass diese verschiedenen Anlagen sich durchdringen und wechselseitig bereichern, sie verbinden sich nach Belieben in der Praxis jedes Einzelnen und gemäß seinen Rhythmen. Nur in der ersten Anlage hat das Wort «Scheitern» den Status einer Funktionsstörung. In den drei anderen Anlagen ist Scheitern undenkbar: Es gibt nur Erfahrungen, die mehr oder minder reich als vorhergesehen sein können. Ein jeder probiert etwas. Er macht die Erfahrung einer Bildung, hält daran fest, verzichtet darauf, beginnt erneut, orientiert sich um, hält inne, aber erlebt sie nicht als Scheitern, das den Rest seines Lebens entwerten und ihn auf ewig stigmatisieren würde!

Paul Goodman, Aufrührer von Ideen

Paul Goodman (1911–1972) ist ein einzigartig unkonformistischer Intellektueller mit anarchistischen Neigungen – Journalist, Fernsehredakteur, Filmkritiker und Drehbuchautor, Lehrer, Autor von Theaterstücken für das *living theatre*, militanter Pazifist und Atomgegner, Verteidiger der Schwulen (er ist homosexuell, verheiratet und Familienvater), ausgezeichneter Redner, Aktivist und Wegbereiter der Gestalttherapie in den Vereinigten Staaten. Er ist außerdem Autor zahlreicher Bücher (ca. fünfzig), darunter ein unklassifizierbarer Roman, *The Empire City. A Novel of New York City* [1942]; ein eindrucksvoller Essay über das Stadtleben, den er mit seinem Bruder, einem Architekten, verfasst hat: *Communitas. Lebensformen und Lebensmöglichkeiten menschlicher Gemeinschaften* [1947]; und vor allem *Growing up absurd* (*Aufwachsen im Widerspruch* [1971]). Dieses Buch ist zugleich Umfrage, Manifest und Essay über die Befreiung von Jugendlichen, die die Werte und die Lebensweise ihrer Eltern ablehnen, welche darauf beschränkt sind zu konsumieren, was landläufig als Zutat für ihr Glück auf Raten gilt! Das Buch war von sechzehn Verlegern abgelehnt worden, bevor es die Bibel der Studentenbewegung wurde und dem Autor eine unglaubliche Bekanntheit bescherte. Seine Kritik der Institution Schule bereitet Illichs Kritik vor, ebenso wie seine Studie über die Entfremdung in der Arbeit bereits Herbert Marcuse ahnen lässt. Nach seinem Tod stuft ihn die *New York Times Book Review* als zwanzigsten auf ihrer Liste der zur Zeit wichtigsten siebzig amerikanischen Denker ein. 1951 hört Illich in New York von einem gewissen Goodman, der «die sofortige Legalisierung aller Substanzen, die oral eingenommen werden können» fordert: «Also, ich war schockiert! Niemals hätte ich mir vorgestellt, dass wir drei oder vier Jahre später gute Freunde sein würden, und dass er am Ende seines Lebens viel Zeit mit mir in Cuernavaca verbringen würde. Ich betrachte Goodman als einen unter den großen Denkern, die ich gekannt habe, und als zarten, berührenden Menschen» [Illich in Conversation, 201]. Paul Goodman ist es auch, der ihm *The Great Training Robbery* von Ivar Berg schenkt, in dem der Autor zeigt, «dass es überhaupt keinen Zusammenhang zwischen dem, was die Leute in der Schule gelernt haben, und ihrer Effektivität in Berufen gibt, die diese Vorbereitung verlangen. (...) Es gibt keinen Zusammenhang zwischen der Kompetenz, von der man annimmt, sie sei in der Schule erlangt worden, und dem Können im Beruf» [Illich in Conversation, 69]. Das beweist Illichs Analyse des Schulsystems. Illich schätzte die Qualität von Goodmans Schreiben und erinnert sich: «Eines Tages sagte er zu mir, ‹ich habe niemals eine Zeile geschrieben, ohne sicher zu sein, dass ich sie entweder gesagt habe oder so sagen würde, wie sie geschrieben steht›. (...) Dieses Gespräch mit Paul Goodman war einer der Gründe, warum ich mich später so sehr mit der Wirkung der Schrift (*literacy*) auf die Lebensweise unserer westlichen Kultur beschäftigt habe» [Illich in Conversation, 202]. Schließlich schreibt Illich im November 1970 im Vorwort von *Entschulung der Gesellschaft*: «Unter meinen Kritikern hat Paul Goodman mich am radikalsten genötigt, mein Denken zu überprüfen» [Entschulung, 8]. Kurz und gut, ein Freund.

«Entschulung der Gesellschaft» beruht darauf, die Frage «was soll einer lernen (?)» durch die Frage zu ersetzen: «Mit was für Dingen und Menschen möchten Lernende wohl in Berührung kommen, um zu lernen?» [Entschulung, 111]. Also? Ist das machbar? Er erwidert: «Die syntaktische Alternative zur Struktur eines Trichters, ist ein Bildungsnetz oder -gewebe zur selbstständigen Zusammenstellung von Hilfsmitteln unter der persönlichen Kontrolle eines jeden Lernenden» [Entschulung, 103]. Man muss andere Lernmethoden ersinnen und die Notwendigkeit schaffen, um mit einer Gesellschaft zu brechen, die ihre Werte dermaßen institutionalisiert, dass jeder sie verinnerlicht, sich aneignet, sie stärkt und ohne irgend einen kritischen Geist zu den seinen macht. Er beobachtet daher: «Die Schule ist die Werbeagentur, die einen dahin bringt zu glauben, man brauche die Gesellschaft so, wie sie ist» [Entschulung, 154]. Er ist davon überzeugt, dass die Schule in naher Zukunft verschwinden wird (das englische Wort *education*, präzisiert er, taucht erst 1530 auf), dass sie den Schüler zügelt, um ihm eine Lebens- und Denkweise aufzuzwingen: «Die Entschulung unseres Weltbildes verlangt, dass wir den illegitimen religiösen Charakter des Erziehungsbetriebs selbst erkennen. Die Hybris liegt gerade in dem Versuch, den Menschen durch Unterwerfung unter einen technisch geplanten Prozess zu einem sozialen Wesen zu machen» [Entschulung, 172].

Eine solche Sichtweise wurde als «frei erfunden», «naiv», «rousseauistisch» angesehen, als «rechts» von Seiten der Marxisten, als «libertär» von den Konservativen, und übereinstimmend haben Marxisten und Konservative sie für «unrealistisch» gehalten. Diese stellen niemals das angebliche «Erziehungsbedürfnis» in Frage, das in den Rang einer quasi-invarianten anthropologischen Konstante erhoben wurde. Ein ganzes Buch versammelt die wesentlichen Rezensionen in mehreren Sprachen, die durch die Publikation des Werkes ausgelöst wurden [Ohlinger und McCarthy, 1971]. Insofern ist es Anlass für Streitgespräche gewesen, jedoch ohne richtig verstanden zu sein.

Illich gehört zu den seltenen Intellektuellen, die bereit sind, sich in Frage zu stellen, Selbstkritik zu üben und regelmäßig unnachsichtig die eigenen Arbeiten wieder kritisch anzuschauen. 1979 beschreibt er das Aufkommen einer «Erziehungssphäre», die durch eine doppelte Erfahrung in die Weltsicht jedes Menschen eingepflanzt wird: zuerst durch den versteckten Lehrplan aller Erziehungsprogramme, die unweigerlich vernakuläres Lernen herabsetzen; und zweitens, durch das Leben in einem undurchsichtigen, passiven und lähmenden Lebensstil, den die Kontrolle von Experten über die Definition und Befriedigung von Bedürfnissen zwangsläufig erzeugt [Mirror, 111]. 1984 nimmt er sich einen großen Brocken vor, indem er die Vorarbeiten zur «Geschichte des *Homo educandus*» verfasst [Mirror, 113–118], die er von der Geschichte der Erziehung unterscheidet. Er versteht nicht, weshalb diese auf sich warten lässt, während doch der *Homo oeconomicus* zahlreiche und begabte Forscher mobilisiert hat. Diesen Vortrag, den er 1984 vor einem Weltkongress der Vergleichenden Erziehungswissenschaft gehalten hat, schließt er mit den Worten: «Obwohl die Meisten von Ihnen Erziehung genossen haben, erwarte ich, dass viele von Ihnen noch wissen, dass sie nie Atmen oder Gehen gelernt haben» [Mirror, 118]. Später erklärt er David Cayley: «Dieser theologische und ekklesiologische Hintergrund nährte meine Vermutung, dass die weltweite Institution der Schule etwas mit der Kirche zu tun haben muss. Aber zuerst dachte ich, ich sei nur über eine vage Analogie gestolpert, nicht mehr. Doch über die Jahre, in denen ich zu verstehen versuchte, wie die Vorstellung aufkam, dass der Mensch verwaltete Offenbarungen braucht, um irgendwas über irgendeinen Aspekt der Wirklichkeit zu wissen und dass dies am besten in einem strikt organisierten Ritual geschieht, fragte ich mich, ob die Beziehung nicht viel enger und viel grundsätzlicher sein könnte» [Flüsse, 169]. Illich zweifelt die Etymologie des Wortes «education» an, das aus dem lateinischen Verb *educare* hervorgegangen sein soll und «herausführen» bedeutete. Bei Cicero findet er eine andere Bedeutung: «éduquer», d. h. «säugen» (für «unterrichten» verwendet er *docere* oder *instruere*), was Tertullian bestätigt. Folglich ist «éduquer» Teil eines Rituals, welches den Teilnehmer in die Gesellschaft integriert, die das Ritual kontrolliert. Darf das Ritual eine Trennung einführen zwischen diesen da und jenen, die sich entziehen?

Illich stellt fest, dass alle Institutionen in ihrer Entwicklung kontraproduktiv werden, und versucht nicht, sie zu reformieren; deshalb wird er von denjenigen als apolitisch eingestuft, die ihm vorwerfen, dass er sich nicht engagiert. Dieselben finden auch, dass er «elitär» ist, weil er eine Beziehung zwischen Meister und Schüler wertschätzt, wie sie Hugo von St. Viktor zu verwirklichen gewusst hat; das nennt man *universitas*, das privilegierte Band zwischen zwei Menschen, die gemeinsam auf dem Pfad der Weisheit wandeln. Zweifellos verteidigt Illich Uneigennützigkeit und Askese und verwirft Karriereplanung, prahlerische Aufwendungen und das Anhäufen von «Dingen» (wie zum Beispiel die Helden des Romans von Georges Perec). Hier sind die Begriffe «Erfolg» und «Scheitern» nicht dienlich. Heutigen Lesern erscheint Illichs Analyse veraltet, denn die Bewertung unserer Errungenschaft, unseres persönlichen Fortschritts, unseres reibungslosen Funktionierens geschieht nicht mehr durch die Zuschreibung von Noten, von Prüfungen, von Besitzständen oder Mängeln, von Unvollkommenheiten oder Unzulänglichkeiten, sondern durch eine Selbstbewertung. Diese stellt Kriterien anderer Art auf, die es zu erfinden, auszuprobieren und ihrerseits zu bewerten gilt. Ist das so sicher? Seit der frühen Kindheit sind wir in das schulische «Bad» eingetaucht, was es uns schwer macht, eine Woche mit freien Tagen – Tage der Muße, der scholé – anzunehmen, oder eine mehr oder weniger lange Zeit des Kinderspiels, was unsere Sinne schärfen und unsere Fähigkeiten wecken würde, bevor man sich entscheidet, sie zu perfektionieren. Die globale schulische Norm bekräftigt und gewährt die Illusion der Gleichheit: Alle Schüler werden beschult, damit die Besseren gewinnen! Doch genau genommen unterscheidet sich der Erkenntnisakt vollständig bei der einen oder anderen Person, und die Norm nivelliert, knebelt, zügelt eine flatternde, überbordende und kreative Intelligenz, um sie nach Zwängen zu formatieren, die eine bürokratische und unangreifbare Verwaltung markiert hat.

Das gilt auch für den zögerlichen, ungeschickten, zurückgezogenen Schüler, oder, im Gegensatz, für den undisziplinierten, erfinderischen, chaotischen, der zurückweist, was auch immer ihm eingetrichtert werden soll. Der Leser wird zugeben, dass seine eigene Kindheitserfahrung die Zeiten bestätigt, wo der Wissensdurst fehlt, und der unerwartete «Auslöser» verspätet eintritt. Ein anderes Kind, eine andersartige Umgebung, eine glückliche Begegnung, die Strahlkraft eines Gegenstandes, eines Buches, eines «Großen» und dieser Auslöser nimmt tausend und einen Aspekt an. Das kann sogar in der gewöhnlichen Klasse einer Standardschule geschehen! Entscheidend für das «Erkennen» ist die Autonomie des Subjektes, das heißt die Fähigkeit, sich mit sich selbst zu messen, an sich und für sich selbst zu wachsen, sich in einer Art Selbst-Maieutik zu verwirklichen. «Autonomie» ist im Illich-Vokabular das andere Wort für «Freiheit», die leuchtende Seite des Erkennens, Morgendämmerung.

Erziehung ... Danke, Nein!

Bei einem Besuch in Bremen, nur wenige Tage vor seinem Tod, fragte ich Ivan, ob wir nicht doch noch einmal zu den unsäglichen PISA-Studien und dem sogenannten Bologna-Prozess öffentlich Stellung nehmen müssten, die den Hochschulen auch noch die letzten Reste akademischen Geistes austrieben und die Schulen so endgültig ver-anstalteten, «dass sie sich nur noch dem Namen nach von Gefängnis und Irrenanstalt unterscheiden». Seine Antwort war ebenso einfach wie verblüffend: «Dazu seid ihr mir zu schade.» Damit war die Sache erledigt. Dieser Satz ist eine Pretiose. Denn er brachte es fertig, zwei Aussagen, die gewöhnlich schwer vereinbar sind, in sechs Worten so zusammenzuhalten, dass sie einander bestärkten: eine entschiedene Absage an mein Ansinnen und eine wunderbare Freundschaftserklärung. Darüber hinaus ist es ein Satz von weitreichender Bedeutung und einer, der erkennbar dem ‹späten› Ivan Illich zugehört. Zu der Zeit, als er die *Entschulung* schrieb, hätte er meinen Vorschlag möglicherweise ernsthaft in Betracht gezogen. Allerdings hatte sich seiner schon bei Erscheinen von *Deschooling Society* die Sorge bemächtigt, sein Pamphlet könne durch ein Missverständnis ins Gegenteil seiner Absicht verkehrt werden. Es könne eine Welle von Alternativschulgründungen inspirieren, «der Verwandlung der Gesellschaft in ein umfassendes Erziehungswesen Vorschub» leisten [Entschulung, 15] und die Menschen jeden Alters, also lebenslänglich, zu erziehungsbedürftigen Dienstleistungskonsumenten herabwürdigen. Die Befürchtung hat sich bewahrheitet. Schulkritik grassierte, aber der heimliche Lehrplan der Schulen blieb dabei unangetastet und der Glaube, dass man nur durch die Schule befähigt werden kann, der Lebenswirklichkeit standzuhalten, wurde nicht erschüttert, ebenso wenig wie die Überzeugung, dass Lernen ein Vorgang ist, bei dem es um Siegen und Verlieren geht. «Die Kritik an der Verschulung hat sich im Aufbau von Bildungsalternativen erschöpft, so wie die Kritik am Straßenkreuzer das Spar- oder gar das Elektroauto hervorgebracht hat» [Entschulung, 11]. Genau in diese Logik gehörte mein Vorschlag, der mit der Idee der ‹Humanisierung› der ‹Anstalt› liebäugelte. Ivan Illich hat nicht nur zum Mehr-vom-Gleichen, sondern auch zum Besseren-vom-Gleichen sein berühmtes «Danke, Nein!» gesagt, wohl wissend, dass das Bessere-vom-Gleichen die elegantere, unkenntlichere Variante des Immer-noch-Gleichen ist. Er lehnte alle Anstrengung, dem System eine freundliche Maske zu geben, radikal ab und bekannte sich zu seiner Ohnmacht ihm gegenüber. «Ich anerkenne meine Ohnmacht, erlebe sie tief. Das kann man nicht alleine tun – dafür ist Freundschaft, die alte philia, die Grundlage – ohne die geht es nicht» [Gegen Gesundheit]. «Wir kämpfen nicht gegen die Fehler des Systems, sondern gegen seine Vollkommenheit», stellte in den 90er Jahren ein «Zentralkomitee umherschweifender Eierdiebe» richtig. Ivan Illich war nicht einmal bereit, gegen die Vollkommenheit des Systems zu kämpfen, sondern wollte ihm – jedenfalls teilweise – in Freundschaft und Verzicht entkommen: Systemdesertion. Darum galt seine besondere Aufmerksamkeit und vielleicht Hoffnung den Drop-outs des Schulsystems, von denen einige – beileibe nicht alle – sich zu ‹refusniks› mausern könnten: zu ‹Danke, Nein-Sagern›, die sich durch die Wohltaten des Systems –

inklusive des allseits begehrten Schulerfolgs – nicht verführen und an die Kandarre legen ließen [Educational Enterprise]. Illich ist weit davon entfernt, die Drop-outs wegen ihrer Aussperrung aus der gesellschaftlichen Mitte und wegen ihres Verlustes von Zugehörigkeit zu bedauern. Nicht, weil er ihr Elend ignoriert, sondern weil er auf ihre Fähigkeit setzt, erfolgreiche ‹Aus-dem-Weg-Geher› (successful avoiders) zu werden, die gelernt haben, sich klug zu verstellen. Der Drop-out sei gesellschaftlich gezeichnet als ein defizientes menschliches Wesen, das der Lenkung und Leitung bedürftig sei. Aber genau dies könne er als Privileg entdecken, das es ihm ermöglicht, auf eine soziale Realität zu pfeifen, welche ordentliche Leute noch nicht einmal wegzuwünschen die leiseste Chance haben. Drop-outs könnten sich die Freiheit nehmen, sich aus dem Staub zu machen vor der Drohung, «diagnostiziert, kuriert, erzogen, sozialisiert, informiert, unterhalten, garagiert, beraten, zertifiziert, gefördert oder beschützt zu werden gemäß den Bedürfnissen, die (uns) durch professionelle Wärter aufgehalst werden» [Educational Enterprise].

Und was könnten wir Arrivierten dazu tun, dass solche Orte im Abseits entstehen? «Ich denke an Nischen, freie Räume, Hausbesetzungs-Arrangements, geistige Zelte, die einige von uns eventuell zur Verfügung stellen könnten. Nicht für den ‹Drop-out im Allgemeinen›, aber jeder von uns für eine kleine ‹Liste› (Anspielung auf Schindlers Liste) von anderen, die durch die Erfahrung wechselseitigen Aufeinanderhörens (obedience) instandgesetzt wurden, dem Einschluß in das System zu entsagen» [Educational Enterprise]. Da sind sie: die Nischen und die Narren in Absurdistan.

Im März 1980 auf dem Kongress der Deutschen Gesellschaft für Erziehungswissenschaft in Göttingen erteilte Illich zum ersten Mal dem Bildungswesen eine Absage mit dem ihm dann zur Gewohnheit werdenden ‹Danke, Nein!›: «Ich möchte das schöne, starke, deutsche ‹Danke, Nein›, das wir vom Bereich der Energie und nun auch vom Bereich der Medizin kennen, im Erziehungsbereich sehen – Erziehung zu weiterer Verwaltbarkeit? Danke, Nein – Erziehung für erhöhte Produktivität? Danke, Nein – Erziehung für das Leben im 7. Stock? Danke, Nein» [Gemeinheit, 55]. Zur Vorbereitung auf diesen Vortrag trafen wir uns zu einem langen Wochenende in einem Naturfreundehaus nahe Kassel zum ersten Mal mit Ivan. Wir, das waren: Johannes Beck, Heinrich Dauber, Marianne Gronemeyer, Christian Marzahn, Wolfgang Sachs und Herbert Stubenrauch. Diesem Treffen folgten in den nächsten Jahren viele andere.

Am 11.11.1981 zettelten wir bundesweite Protestaktionen gegen die Stationierung von Pershing-2 und Cruise-Missile-Raketen in der Bundesrepublik an, indem wir einen «Aufruf zum Ausbruch aus dem Irrenhaus» über verschiedenste Medien in hohen Auflagen und auch über's Hörensagen verbreiteten. In diesem Zusammenhang bekräftigte Ivan Illich noch einmal das «Recht auf würdiges Schweigen» über Genozidmaschinen, über die man nicht argumentieren könne, ohne seine Würde als Sprecher zu verlieren [Würdiges Schweigen]. Ivan selbst hat aus diesem Anlass am öffentlichen Schweigen teilgenommen. Dieser Freundeskreis bescherte uns eine Erfahrung von Philia über viele Jahre hin. Mit der Zeit firmierten wir unter dem Titel: Die Ungezogenen. Ich fürchte nur, wir waren bei weitem nicht ungezogen genug, um dieses Ehrentitels würdig zu sein.

Marianne Gronemeyer

Energie und Ungerechtigkeit

Im Mai 1973 verfasst Illich eine Artikelserie für *Le Monde: Energie und Gerechtigkeit.* Sie wird vielfach Diskussionsgegenstand: bei einem Seminar in Cuernavaca, im Zuge der Ausarbeitung einer englischen sowie einer neuen und erweiterten deutschen Ausgabe, welche die Grundlage für die französische Übersetzung abgibt. Die Broschüre entsteht in einem geopolitischen Zusammenhang. Erinnern wir uns: 1973 steht für das Jahr der «Öl-Krise» und der «Dollar-Krise» (der Nicht-Konvertierbarkeit in Gold), für den Kampf gegen Verschwendung und die Suche nach unverbrauchten, wenn möglich «erneuerbaren» Energien. Illichs Gesichtspunkt erweist sich wieder einmal als vollständig konträr zu dem der ausgewiesenen zeitgenössischen Kommentatoren und Politiker. Im heutigen Kontext des «Globalen Ölfördermaximums» ist er in vielerlei Hinsicht noch immer erhellend. Es ist nicht Knappheit, die die Welt bedroht, sondern die Gefahr, sich daran zu gewöhnen, mit dem Aufdrehen des Hahnes zufrieden zu sein! «Noch mehr als Treibstoffhunger muss Energieüberfluss zur Ausbeutung führen. Nur wenn eine Gesellschaft den Energieverbrauch selbst ihres mächtigsten Bürgers begrenzt, kann sie soziale Beziehungen ermöglichen, die sich durch ein hohes Maß an Gerechtigkeit auszeichnen» [Fortschrittsmythen, 75]. Illich weigert sich, die Energiefrage getrennt von der Frage sozialer Gerechtigkeit («Gleichheit») und somit der Lebensweisen und des Transports zu behandeln. Er prophezeit: «Die in diesem Jahrzehnt ergriffenen politischen Maßnahmen werden über den Spielraum der sozialen Beziehungen entscheiden, dessen eine Gesellschaft im Jahre 2000 sich wird erfreuen können. Eine Politik des geringen Energieverbrauchs ermöglicht eine breite Skala von Lebensformen und Kulturen» [Fortschrittsmythen, 74].

Da niemand das wirklich verstanden und vor allem befolgt hat, muss man, mehr als eine Dekade nach dem Jahrtausendwechsel, die gleiche Frage von Neuem stellen, und man wird wieder schreiben müssen: «Jenseits einer kritischen Stufe des Energieverbrauchs pro Kopf (…) müssen das politische System und der politische Kontext jeder Gesellschaft verkümmern» [Fortschrittsmythen, 77]. Doch erweist sich das politische System, das auf «Entwicklung» beruht (gewinnorientierte Ökonomie, flächendeckender Transport, Apotheose des «Autos für alle»), nicht nur als mächtig, sondern als selbstverständlich. Es ist «populär» – trotz der Ungerechtigkeit, die es zulässt. Illich warnt: «Sobald die Menschen – nicht nur bei mehrtägigen Reisen, sondern auch im täglichen Pendelverkehr – auf Beförderung angewiesen sind, treten die Widersprüche zwischen sozialer Gerechtigkeit und Motorkraft, zwischen effektiver Fortbewegung und hoher Geschwindigkeit, zwischen individueller Freiheit und vorgeschriebenem Gleis mit eindringlicher

Klarheit hervor. Die erzwungene Abhängigkeit von automobilen Maschinen verweigert dann einer Gesellschaft von lebendigen Menschen gerade jene Beweglichkeit, deren ursprünglicher Zweck die Mechanisierung des Transportwesens war. Verkehrssklaverei setzt ein» [Fortschrittsmythen, 83]. Wie soll man sich von dieser Sklaverei befreien, wenn sie sich als praktisch, angenehm und scheinbar wenig einschränkend erweist? «Der Gewohnheitspassagier ist also nicht mehr imstande, den Unfug eines überwiegend auf Transportmitteln beruhenden Verkehrs zu durchschauen. Seine überkommene Wahrnehmung von Raum, Zeit und persönlichem Tempo ist industriell deformiert. Er hat die Freiheit verloren, sich selbst außerhalb der Rolle des Passagiers zu sehen. Seine Sucht, sich fahren zu lassen, lässt ihn die Kontrolle über die physische, soziale und psychische Kraft verlieren, die den Füßen des Menschen innewohnt» [Fortschrittsmythen, 88]. Was tun? Die Möglichkeit einer Lösung hängt zugleich davon ab, welche Wahl eine Gesellschaft in Bezug auf Energie trifft, und von den Alltagspraktiken jedes Menschen: «Lebenswichtig wäre es für ihn zu erkennen, dass die Akzeleration seiner Ansprüche auf ihn selbst zurückschlägt und dass sie zum Niedergang von Freiheit, Muße und Selbständigkeit führen muss» [Fortschrittsmythen, 88]. Mit erstaunlichem Scharfblick betont Illich, dass Geschwindigkeit der Ausdruck für dieses «immer mehr» ist, das die Annahme des «immer Besseren» durchkreuzt.

Dennoch kann «jenseits einer kritischen Geschwindigkeit (...) niemand Zeit ‹sparen›, ohne dass er einen anderen zwingt, Zeit zu ‹verlieren›» [Fortschrittsmythen, 90]. Wen kümmert das? Sicherlich nicht den «Entwicklungswütigen» [Fortschrittsmythen, 101]. Illich ist sich zutiefst bewusst, dass eine Umkehr nötig ist: «Eine solche Forschung vorzuschlagen, ist subversiv. Sie stellt den umfassenden Konsensus in Frage, der es den heutigen politischen Widersachern erlaubt, sich als glaubwürdige Antagonisten auszugeben», hier Anhänger des öffentlichen und dort Verfechter des privaten Transports [Fortschrittsmythen, 103]. Tatsächlich sind es alle Motive der Fortbewegung, die er ablehnt. Das Benzin generiert das Auto und umgekehrt, beide ziehen Straßen und Autobahnen nach sich, vergrößern den weltweiten Automobilpark, verdoppeln die Fahrtstrecken für alles und nichts! All das ergibt ein «System» … oder einen höllischen Kreislauf! Ebenso überlegt er, ob es möglich wäre, «Formen der Urbanisierung zu kontrollieren, wenn nur die Strukturierung des Raumes in Übereinstimmung mit der Fähigkeit des Menschen, sich in ihm zu bewegen, erfolgte» [Fortschrittsmythen, 105]. Diese Strukturierung ist nicht Schicksal, sondern die Folge einer industriellen Politik, welche die Lebensweisen konditioniert. Warum kann man die Städte nicht anders entwerfen? Dem Fußweg und dem Fahrrad den Vorrang geben? Warum den Rhythmus des täglichen Lebens nicht anders ausrichten und unnütze Transporte einfach vermeiden? Wie kann man «kurzen Wegen» von Gütern und Dienstleistungen Vorrang geben und entsprechend ihre Bewegung und Beförderung verringern? Wie ließe sich der Verkehr von Pendlern und Nahzüglern durch neue Informations- und Telekommunikationstechnologien vermeiden oder vermindern?

Kurz nach Erscheinen dieses Aufsatzes begann man, die Ökonomien von Energie, von Stress und Unbehagen zu bewerten, welche die Telearbeit, der E-Handel, die gleitende Arbeitszeit, der Ersatz des Fahrrades durch das Auto etc. für jeden und für die Gesamtheit der Gesellschaft verursachen. Jean Robert, ein Weggefährte von Illich, veröffentlichte bereits 1980 einen exzellenten Aufsatz: *Le temps qu'on nous vole. Contre la sociéte chronophage (Die Zeit, die man uns stiehlt. Gegen eine zeitfressende Gesellschaft* [1980]), und Paul Virilio (geboren 1932, Leser von Illich) bestand darauf, seine Dromologie weiterzuentwickeln, um vor dem Übel der Beschleunigung zu warnen (griechisch *dromos*, der «Lauf», *dromologie* wäre die «Wissenschaft von der Geschwindigkeit»). Wenig vorher wagte Bernard Charbonneau (1910–1996) mit seinem unbeachtet gebliebenen Pamphlet *L'Hommauto* (1967), das selbst Illich nicht kannte, die dem Automobil-Gott gewidmete Statue von ihrem Sockel zu stoßen. Charbonneau stellte in *Dimanche et lundi* Fragen über die Zeit-Zwänge, über die Homogenisierung verschiedener Zeitlichkeiten, über die Enteignung von Zeit für sich selbst. Trotz des Autokultes gilt *Energie und Gerechtigkeit* als Referenz für die «Fahrrad-Rebellen» – die «velo-rutionnaires», die ihre Bewegung 1975 in Montreal starteten [Morisette, 1994], die Anhänger von Velo-City (einer politischen Bewegung und Tagungsplattform, die 1980 in Bremen gegründet wurde und aus der die europäische Föderation der Fahrradfahrer hervorgegangen ist), die Initiatoren für einen Tag autofreier Stadt, die Kämpfer für eine fahrradfreundliche Stadt [Lambert, 2004] etc.

Im Anhang von *Energie und Gerechtigkeit* veröffentlichte Illich eine von Jean-Pierre Dupuy verfasste Anmerkung: «A la recherche du temps gagné» (auf der Suche nach der gewonnenen Zeit) [Fortschrittsmythen, 139 f], in der er die Kosten eines Autos berechnet (Kauf, Versicherung, Treibstoff, Unterhalt, Garage etc.). Ein Auto nötigt seinem Besitzer jährlich folgende Ausgaben ab: «Der Werkmeister einer mittelgroßen Stadt, der 15 500 Kilometer pro Jahr mit seinem Peugeot 404 zurücklegt, widmet seinem Auto 1550 Stunden pro Jahr, d. h. durchschnittlich mehr als vier Stunden pro Tag.» Diese Berechnung wird regelmäßig aktualisiert. Die Zeitung *Le Parisien* veröffentlicht am 11. April 2002 das «Autobudget 2001»: Ein Clio Benzin, der 11 400 km pro Jahr zurücklegt, kostet 5577 Euro, ein Peugeot Diesel, der 18 700 km pro Jahr zurücklegt, 7087 Euro. Zehn Jahre später (am 6. Juni 2012) stellt *Direct Matin* für 2011 eine kaum höhere Kostenausgabe auf: 7654 Euro für einen Peugeot Diesel 308 bei 15 476 km im Jahr und 5976 Euro für einen Clio Benzin bei 9022 km pro Jahr. Der Besitzer des Diesel gibt pro Monat etwas mehr als 633 Euro (d. h. mehr als die Hälfte eines Mindestlohns in Frankreich) für «sein» Automobil aus (sein ‹Auto-Immobil› wäre richtiger, weil es 95% der Zeit stillsteht)! Nicht einberechnet ist die Anstrengung am Steuer, die Furcht, zu spät zu kommen oder keinen Parkplatz zu finden, die Angst vor Staus, kurz, der fortwährende Stress und die hinzukommenden Kosten.

Dieses Pamphlet macht den Irrsinn einer Gesellschaft sichtbar, die die Steigerung von Geschwindigkeit als einziges Maß für Fortschritt begreift. Dieser Alltagsglauben bestimmt weitgehend das Denken und dient den Interessen der Automobilindustrie, der Benzin-Gesellschaften sowie unzähliger Unternehmen und Betriebe im Automobilbereich (Versicherer, Garagen, Autobahn-Gesellschaften, Orthopädie-Mechaniker, REHA-Fachkräfte und Physiotherapeuten etc.). Man sollte nicht vergessen, dass die Automobil-Industrie seit mehr als einem Jahrhundert die Ökonomie des Kapitalismus «trägt», insofern diese Art des Transports exklusiv zu sein scheint. Der CEO von General Motors behauptete in den USA der 1950er Jahre, was gut für sein Unternehmen wäre, sei auch gut für den Staat. Und in Frankreich konnte man zu Beginn der Fünften Republik, mitten in den sogenannten «glorreichen dreißig Jahren», das Sprichwort hören: «Wenn Renault niest, hat das ganze Land Schnupfen». Die wachsende Zunahme von Fortbewegung gilt als Beweis einer «modernen», «mobilen» und «fließenden» Gesellschaft. Wozu? Um was zu machen? Zu welchem Preis? Macht nichts: Leben ist Bewegung! Man führt seine touristischen Reisen als Trophäen vor verblüfften und neidischen Kollegen vor! Der Wert von Eltern steigt mit der Kilometerzahl, die sie zurücklegen, um die Kinder zur Schule, zu Musikstunden, zum Gymnasium, zu den Großeltern, zur Patchworkfamilie zu bringen. «Man macht alles für sie!» Außer vielleicht mit ihnen zu sprechen, ihnen zuzuhören, mit ihnen zu spielen. Einfach für sie da zu sein.

Alles, was es erschwert, von A nach B zu kommen, wird als Ausgrenzung erlebt, die noch weitere Ausgrenzungen nach sich zieht. Kostenlose öffentliche Verkehrsmittel für bestimmte Bevölkerungsgruppen sollen die räumlich-soziale Segregation abschwächen. Aber was kann man von einer Finanzierung des Führerscheins für Sozialempfänger oder Arbeitssuchende halten, wenn das schon der Gipfel einer freizügigen Sozialpolitik sein soll? Bereits in *Entschulung der Gesellschaft* griff Illich die Automobilproduktion an, da sie vom Straßenbau und der Entwicklung einer Straßen-Infrastruktur nicht zu trennen ist [Entschulung, 87 ff]. Wie kann man zum Beispiel über Stadtplanung nachdenken, ohne die Funktion des Automobils in Frage zu stellen? Wer schlüge eine Energieökonomie vor, die nicht in die täglichen Fortbewegungen jedes Einzelnen eingreift? Wer wagte es, von einem ökologischen Gesichtspunkt her, hier die Straßenbahn und dort das Hochgeschwindigkeits-Eisenbahn-Netz zu verteidigen, das so kostspielig und in seinen Fahrplänen und Fahrtstrecken so wenig anpassungsfähig, ja starr ist? Auch wenn die statistischen Daten sicherlich aktualisiert werden müssen, spricht uns der Titel noch an: «Energie» und «Gerechtigkeit». Niemals «Energie» ohne dessen Sinngeber «Gerechtigkeit».

1983 eröffnet Illich am Colegio de México ein Seminar mit einem Vortrag über *The Social Construction of Energy* [Beyond Economics, 105 ff]. Dort verfolgt er die Geschichte des Wortes «Energie» sowie der wissenschaftlichen Theorien, die versuchen, Energie zu definieren, zu quantifizieren, zu bewerten, und stellt sie neben die Geschichte der politischen Ökonomie, welche davon ausgeht, dass «Arbeit» (ein weiterer Begriff, den er aufmerksam untersucht), ökonomische Werte schafft und ein sexistisches Weltbild verallgemeinert. Er zeigt, dass «der des Genus beraubte Arbeiter» aus der Matrix der Arbeitskraft entsteht, ebenso wie «Energie» ein Produkt des Erhaltungsgesetzes ist. Und dieser Arbeiter ohne Genus bewohnt eine Welt, in der alles aus einer Substanz besteht: der «Energie». Er merkt an, dass es unmöglich geworden ist, «sich von den Konzepten ‹Energie› und ‹Arbeit› zu trennen, ohne als a-moralisch zu gelten», und dass die Situation sich seit damals, als er *Energie und Gerechtigkeit* schrieb, verschlimmert hat. Künftig entspricht Energie einem unbestreitbaren «Bedürfnis», ohne dessen Befriedigung alles zusammenbricht. Zumindest ist das die herrschende Gewissheit. Er befürchtet, dass der Ökokrat mit der gleichen Arroganz den Technokraten ersetzen wird, der erklärt, wie weniger Energie zu verbrauchen sei. Die Frage ist aber eine ganz andere. Man muss sich «von Arbeit, Megabytes und Kilowattstunden» befreien, indem man «jene Wahrnehmung, die eine neuartige Erfindung ist,» austreibt, «die uns sagt, dass wir einem ‹Bedürfnis› unterworfene Kreaturen sind».

Demnach hat sich Illichs Position zwischen 1973 und 1983 radikalisiert. Er denkt nicht mehr daran, die «Nutzer» dazu zu ermutigen, sich «sanfte» Energien zu eigen zu machen. Er lädt sie ein, die ökonomische Sphäre zu verlassen. Die Ökonomisierung bügelt die Heterogenität zwischen dem wissenschaftlich-technischen Begriff von Energie und dem, was kulturell jeweils darunter verstanden wurde, aus. Immer schon sind Menschen zu Fuß gegangen, aber niemals durch einen «dreidimensionalen kartesischen Raum», der die Entfernung und den nötigen Energieaufwand, um eine Strecke zurückzulegen, berechenbar macht [Illich in Conversation, 113].

Anstatt dies einzugestehen, blockierten die «Entscheidungsträger» und ein Großteil der Bevölkerung 1972, vor Erscheinen dieses Buches, ihr Hirn! Trotz Rio, des Erdgipfels von 1992, und seiner Agenda 21, trotz der jüngsten Pläne für Verkehrsnetze, trotz «City-bikes» und Leihfahrrädern, trotz car-sharing, trotz Tele-Arbeit etc. beugen sich alle dem Diktat des Automobils: der Städtebau, die Vertaktung des täglichen Lebens, die zwischenmenschlichen Beziehungen, die Umsiedlungen und «Strukturanpassungen» [Pörksen, 1992], die Landschaften! Das Automobil zu verteufeln wäre zwecklos, zumal es sich als «praktisch» erweist (was es in der Tat auch ist, angesichts des verwahrlosten öffentlichen Verkehrs und der absurden räumlichen Organisation von Tätigkeiten), und weil es seinem Benutzer tatsächlich eine unvergleichliche Bewegungsfreiheit zusichert. Folglich gilt es, eine ganze Lebensweise zu überdenken, eine andere Gesellschaft hervorzubringen – die konviviale Gesellschaft.

III
Kampfansage an die kontraproduktiven Institutionen (2): Konvivialität und Megawerkzeuge, Krankenhaus und Gesundheit

Illich hat die Mechanismen der «Maschinen» demontiert, die der Kirche, der Schule und des «Transportbetriebs» (kollektiv oder individuell, privat oder öffentlich). Er hat aufgezeigt, dass diese jenseits einer gewissen Schwelle kontraproduktiv werden, sie verfehlen (und manchmal richten sie sich gegen) ihre Zwecke: Die Kirche heißt den Pilger nicht mehr in Gastfreundschaft willkommen, damit er in Ruhe mit Gott sprechen kann, die Schule verlernt das Lernen und verstärkt die Ungleichheit zwischen den Menschen, und das Transportwesen erzeugt Staus, Verzögerungen und Zeitverlust zu unverhältnismäßig hohen Energiekosten. Illich widmet sich nun dem, was die Industriegesellschaft kennzeichnet (Werkzeug und Mega-Werkzeuge), er will verstehen, wie und warum die Menschen in völlige Abhängigkeit von einer neuen Maschine geraten, der Institution Medizin.

Was ist Konvivialität?

Anfang der 1970er Jahre ist es bereits Gewohnheit: Ein Text ist das Ergebnis eines Seminars in Cuernavaca, gefolgt von einer Reihe von Präzisierungen (dieses Mal in Indien) und einer Neuschrift auf Englisch, vor der Abfassung einer umfangreicheren französischen Version. Obgleich der englische Titel *Tools for Conviviality* (im Deutschen *Selbstbegrenzung*) lautet, empfiehlt Illich – nach Diskussion mit seinen Freunden Michel de Certeau und Emmanuel Levinas – im Französischen *La Convivialité* beizubehalten. Er weiß nicht, dass *conviviality* in der angelsächsischen Welt kaum gebraucht wird, dass es altmodisch wirkt, sogar obsolet. Auch wenn in Frankreich Jean-Anthelme Brillat-Savarin (1755–1826) in seinem Essay von 1825 – *Physiologie du gout* (Physiologie des Geschmacks oder Betrachtungen über das höhere Tafelvergnügen, dt. 1864) – seine Adelsbriefe unter diesen Begriff stellt, muss man auf das Buch von Illich warten, damit die Wörterbücher *Larousse* und *Robert* das Wort in ihrem jährlich erscheinenden Ergänzungsband mit einer neuen Bedeutung wieder aufnehmen! «Convivialité» war sogar der Name für ein Sub-Netzwerk des Online-Dienstes «Minitel rose» (das Rotlichtviertel von Minitel – Minitel war das französische «Internet» vor Erfindung des Internet, AdÜ). Das erheiterte Illich, denn er verbarg nicht, dass im Slang *tool* das «Instrument», das «Werkzeug» der Männlichkeit bedeutet.

Er will eine Debatte anstoßen: «Ich stelle den folgenden Essay zur kritischen Diskussion» [Selbstbegrenzung, 9], aufgrund einer Kritik der mit Werkzeug überausgestatteten Gesellschaft, wobei er ankündigt, «konzeptuell alternative Produktionsweisen zu beschreiben» [Selbstbegrenzung, 10]. Dazu schlägt er vor: «Konzepte müssten eine gemeinsame Sprache für Leute in opponierenden Gruppen bieten, die darauf angewiesen sind, soziale Programme und Technologien zu beurteilen, und die die Werkzeuge des Menschen beschränken wollen, wenn diese im Begriff sind, den Menschen und seine Ziele zu überwältigen: Eine solche Theorie müsste den Menschen dabei helfen, die bestehende Struktur der wichtigsten Institutionen umzumodeln» [Selbstbegrenzung, 12]. Er verfolgt seine Untersuchung der industriellen Gesellschaft ohne Zugeständnisse, will die negativen Charakteristika herausarbeiten und Lösungsstrategien erörtern, um die Einführung von «Alternativen» zu erleichtern. Er greift das Werkzeug an, genauer das «Mega-Werkzeug» (den Begriff borgt er von Lewis Mumford, dem amerikanischen Technikhistoriker). Dies bezeichnet ein «Maschinenwerkzeug», einen Computer, ein Spital sowie ein Atomkraftwerk, deren Betrieb dem Benutzer entgleitet, der unfähig geworden ist, es selbst zu reparieren. Er behauptet, die Leute bräuchten «nicht Werkzeuge, die ihnen die Arbeit abnehmen (…) sondern neue Werkzeuge, mit denen sie arbeiten können» [Selbstbegrenzung, 27]. Damit stimmt er den marxistischen und marxnahen Analysen der 1960er und 1970er Jahre zu, die nicht «der» Technik den Prozess machen, sondern einer spezifischen Technik (die den Kapitalismus vorantreibt); nicht dem Werkzeug im Allgemeinen, sondern bestimmten Formen der Arbeitsorganisation, die den Menschen entfremden, indem sie ihn auf repetitive Handgriffe, ohne persönliche Einflussnahme, beschränken. Trotzdem teilt er die unterschwellige Akzeptanz des Produktivismus seitens der Marxisten nicht und sieht in ihren eindimensionalen Formen der Arbeitsorganisation eine Dehumanisierung des Menschen. Um diese Dehumanisierung zu verhindern, erwägt er eine komplette Neuorganisation der Beziehungen, die jeder Mensch mit dem Werkzeug – was auch eine Institution sein kann – unterhält. «Eine solche Politik müsste die Entfaltungsmöglichkeiten von Werkzeugen um dreier Werte, nämlich um des Überlebens, der Gerechtigkeit und der selbstbestimmten Arbeit willen, einschränken. Für mich sind das Grundwerte jeder konvivialen Gesellschaft, wie sehr sich eine solche Gesellschaft in ihren Sitten und Gebräuchen, Institutionen und Grundprinzipien im Einzelnen von einer anderen unterscheiden mag» [Selbstbegrenzung, 31]. Diese drei Werte stellen sich nicht mit dem ersten Fingerschnipsen eines beliebigen Reformers ein. Sie erwachsen aus einem langen, schwierigen und entschlossenen Kampf. «Ich bin der Meinung, dass ein Überleben in Gerechtigkeit nur um den Preis von Opfern möglich sein wird, die bei der Einführung einer konvivialen Produktionsweise und dem universalen Verzicht auf unbegrenzten Nachwuchs, auf Wohlstand und Macht unvermeidlich sind, und die sowohl einzelne als auch Gruppen bringen müssen» [Selbstbegrenzung, 32]. Es sind drei «Exzesse» (Bevölkerung, Güter- und Dienstleistungsproduktion und Macht), die sich als konträr zur Gerechtigkeit erweisen. Sie bringen Ungerechtigkeiten zwischen Menschen und Gesellschaften hervor (die Marxisten sprechen lieber in Begriffen von «sozialen Klassen» und zwischenstaatlichen Antagonismen, welche z. B. die Länder des «Zentrums» jenen der «Peripherie» entgegenstellen) und die Zerstörung der Ökosphäre (jede Überproduktion zerstört kostbare und manchmal nicht erneuerbare Ressourcen).

Beiläufig sei angemerkt, dass der Aufruf, das demographische Wachstum zu beschränken, immer noch unerhört ist und vermutlich ein Tabu bleibt. Ohne Frage ein Thema, das Ärger erregt. Die politischen Parteien, rechte wie linke, einschließlich der Grünen, sind überzeugt (oder reden sich ein), dass man die ganze Welt immer wird ernähren können. Nur für Ökologen, die Réné Dumont (1904–2001) folgen, muss die Frage vorrangig debattiert werden, ob die kleine Erde eine unbegrenzte Zahl von Bewohnern würdig ernähren kann. Wenn 2012 jeder Erdenbürger (sieben Milliarden im Vergleich zu etwas mehr als einer Milliarde zur Zeit Ivan Illichs Geburt) mit dem Standard des Komforts eines Durchschnittsamerikaners leben möchte, braucht es in Anbetracht seines ökologischen Fußabdrucks mindestens vier Planeten. Diese heikle Frage («heikel», denn wie kann man auf das intime Verlangen, Kinder zu haben, einwirken?) kann man nicht mehr lange aus den Sorgen der Erdenbürger ausklammern.

Konvivialität ist keine Utopie, die von Illich vorausgeahnt wird. Erstaunlicherweise erwähnt er die Utopisten nur sehr selten, sie regen seine Vorstellungen kaum an, auch wenn er zum Beispiel Fourier gelesen hat und 1994 in seiner Rede zu Leopold Kohr behauptet, Utopia sei immer «eine falsche Konkretion» [Perte, 235]. Vielmehr ist es der Respekt vor jenen drei Werten (Überleben, Gerechtigkeit und schöpferische Autonomie) in tausendundein Handlungsmöglichkeiten, denn für Illich ist «Konvivialität» vielgestaltig. Gewiss, der Steig, der dorthin führt, ist von denselben Ratschlägen markiert, aber jedes Volk, jede Kultur, jeder Einzelne muss ihn entlang seiner eigenen Routen und in seinem eigenen Rhythmus besteigen. Überall ist der Mensch (oft mit Begeisterung) in einen «Verbraucher» verwandelt worden; dazu gehört, dass er indoktriniert wird. Er kann sich nichts anderes mehr vorstellen, als übermäßig mit Werkzeugen ausgestattet zu sein und Zugang zu allen Dienstleistungen zu haben (überhaupt hat er das Recht auf alles!), wobei er die angekündigte Unterweisung durch «Experten» erwartet. Er nimmt, ohne sich zu wehren, die Entwertung oder Verunmöglichung seiner eigenen Tätigkeiten hin: Er trägt nicht mehr Sorge für sich, lernt nicht mehr selbst, geht nicht mehr zu Fuß, repariert sein Auto nicht selbst, wechselt keine Scheibe im Fenster aus, putzt sein Haus nicht, das er im Übrigen weder gebaut noch entworfen hat, lässt sich sein Fertiggericht liefern etc. Dieser Befund führt Illich zur Unterscheidung von «fünf Bedrohungen der Bevölkerung des Planeten, die der fortgeschrittenen industriellen Entwicklung geschuldet sind: (1) bedroht ein übermäßiges Wachstum das Recht auf die physische Grundstruktur der Umwelt, mit der zusammen sich der Mensch entwickelt hat; (2) ist das Recht auf konviviale Arbeit durch die Industrialisierung gefährdet; (3) führt die Überprogrammierung des Menschen um der neuen Umwelt willen dazu, dass dessen kreative Phantasie abgetötet wird; (4) gefährden neue Produktionsniveaus das Recht auf politische Mitbestimmung; (5) bedroht die vorsätzliche Produktveraltung das Recht auf Tradition, das heißt, sie macht es unmöglich, sich auf Präzedenzien wie in Sprache, Moral und Werten zu berufen» [Selbstbegrenzung, 77].

Und wieder zieht er in den Krieg gegen die heilige «Geschwindigkeit», die bedenkenlose Ausbreitung des «Transportwesens», die unbestrittene Autorität der «Experten», und versichert, dass «der Entzug von der Wachstumssucht schmerzhaft sein wird» [Selbstbegrenzung, 127], dass es Gruppen braucht, die «in der Lage sein müssen, eine logisch kohärente Analyse des verheerenden Ereignisses in verständlicher Sprache darzubieten» [Selbstbegrenzung, 157].

La Convivialité, «Selbstbegrenzung», Illichs in Frankreich sicherlich bekanntestes Buch, vervollständigt die Analyse des «Radikalmonopols» (Tätigkeiten, die von einem Ensemble von Experten okkupiert werden, die ihr Geschäft daraus machen, wie z. B. die Bestattungsunternehmer aus den Begräbnissen). Man sieht nun leicht die Bedeutung der «entmündigenden Experten» ein, welche die Gesamtheit der Dienstleistungen in Beschlag nehmen (Personen, die für die Ausübung einer Tätigkeit als unentbehrlich gelten, wie die Lehrer, um zu unterrichten, die Ärzte, um zu heilen, etc.). Dreißig Jahre nach «Selbstbegrenzung» hat es den Anschein, dass der Einzelne der Allmacht des Lehrers, des Anwalts oder des Mediziners entwischt ist, indem er sich seine Bildung, seine Rechtsverteidigung oder seine Selbstverarztung «zusammenbastelt», indem er Informationen aus dem Internet holt, Freunde befragt, welche «Leute kennen, die ...», und ein Werkzeug zu handhaben weiß. Nach Illich sind wir nun, seit den 1980er Jahren, in das *Zeitalter der Systeme* eingetreten, und die Bezugnahme auf Experten wurde mittlerweile ernsthaft angegriffen. Nichtsdestoweniger haben sie noch immer die Mittel, die «Kunden» zu kontrollieren, deren Autonomie nicht gewachsen ist, sondern die nun auf das «System» übertragen, was sie vom «Werkzeug» hinnahmen.

Die Rolle der Experten

«Glaubt noch irgendjemand daran, dass Experten mehr wissen und besser handeln können als einfache Bürger, nachdem die Legion der Professionellen – Anwälte, Ökonomen, Buchhalter, Börsenmakler, Analysten und Bankiers – zugegeben hat, dass sie nicht wusste, wie die ‹globale Finanzkrise› zu verhindern gewesen wäre? Der Verlust des öffentlichen Vertrauens in professionelles Wissen und Kompetenz lässt vermuten, dass Illich Recht hatte, als er vor dreißig Jahren das Ende des Zeitalters der ‹entmündigenden Experten› ankündigte. (...) Expertenverbände verunstalten die Zivilgesellschaft, indem sie sich die staatliche Macht aneignen, die ihnen erlaubt, sich ein Monopol auf das Recht anzumaßen, ‹anderen vorzuschreiben, was für sie gut ist und was sie deshalb brauchen›. (...) Die Tatsache, dass Dienstleistungen in den entwickelten industriellen Ökonomien ein Wachstumssektor sind, beweist, dass sich die Vermarktung des alltäglichen Lebens unaufhörlich ausbreitet. (...) Im Zeitalter der Systeme muss der Experte seinen Klienten nicht mehr davon überzeugen, dass er seinen Befehlen zu gehorchen hat. Im Zeitalter der Systeme muss der Professionelle seinen Klienten nicht mehr beherrschen oder ihn überwachen. Im Gegenteil, der zum ‹Entscheider› verwandelte Kunde übernimmt aktiv die Kategorien und Prozeduren des Experten. Der ehemalige Klient versteht sich und handelt als ein wissenschaftlich hergestelltes Subjekt. Indem er einen Teil der Arbeit des Experten übernimmt, widmet er sich der Schattenarbeit. Er muss nicht mehr davon überzeugt werden, dass er auf verhängnisvolle Weise von Dienstleistungen abhängig ist. Im Gegenteil, er akzeptiert das ihm übergestülpte Bild des Konsumenten und Arbeiters, damit er sich aktiv an seinem eigenen Ruin beteiligen kann.» [Samuel, 2010]

Wenn das Krankenhaus krank macht

In der englischsprachigen Welt ist *Nemesis der Medizin. Die Enteignung der Gesundheit* [1975] Illichs berühmtestes Buch. Es steht immer noch in Bibliographien für Medizinstudenten. Es ist auch jenes Buch, das der Autor regelmäßig wieder aufgenommen hat, nicht um seine Schlussfolgerungen zu korrigieren oder statistische oder biographische Daten zu aktualisieren, sondern weil seine Studien zu «Körper», die er seit den 1980er Jahren mit Barbara Duden unternahm, ihn anregten, seine Perspektive auf «Gesundheit» zu überdenken. Achtzehn Monate Arbeit in Seminaren waren notwendig, um das Manuskript vorzubereiten, das mehrere Fassungen und Herausgaben durchlief. Zwei Franzosen waren direkt daran beteiligt: Jean-Pierre Dupuy, der gerade mehrere Studien zur Medizinforschung, zur pharmazeutischen Industrie, zu Gesundheitskosten etc. abgeschlossen hatte, und André Gorz, der unter dem Namen Michel Bosquet, ein fundiertes Dossier zum Thema für den *Nouvel Observateur* zusammengestellt hatte.

André Gorz, der Mittler

Gerhart Hirsch wird 1923 in Wien in eine jüdische Familie hineingeboren, sein Vater ist Holzhändler (also zwei Ähnlichkeiten mit Illich). Angesichts des sich ausbreitenden Antisemitismus nehmen seine Eltern 1930 den Familiennamen «Horst» an. Er veröffentlicht 1958 unter dem Pseudonym André Gorz (André wegen Malraux, dem Autor von *La Condition humaine*, den er damals sehr schätzte, und Gorz ist der Name einer Ortschaft zwischen Italien und Slowenien, wo die Feldstecher hergestellt wurden, die ihm sein Vater geschenkt hat) *Le Traitre* (dt. Der Verräter [1997], Erstausgabe 1980) mit einem Vorwort von Jean-Paul Sartre. Auf Verlangen von Jean-Jacques Servan-Schreiber, dem Direktor von *L'Express*, der ihn 1951 als Journalist engagiert hatte, zeichnete er mit Michel Bosquet («bosquet» ist die französische Übersetzung von Horst). 1964 gründet er *Le Nouvel Observateur* mit Jean Daniel, K. S. Karol und Serge Lafaurie. Gorz ist Philosoph, von der Ausbildung her Chemieingenieur, und Autor wichtiger Werke: *Kritik der Arbeitsteilung* [1974], *Ökologie und Freiheit* [1977], *Abschied vom Proletariat* [1980], *Arbeit zwischen Misere und Utopie* [1999], *Wissen, Wert und Kapital. Zur Kritik der Wissensökonomie* [2010], und *Auswege aus dem Kapitalismus* [2009], die teilweise von Illich inspiriert sind. 1971 übersetzt er den Vorbereitungstext zu *Selbstbegrenzung* für *Le Nouvel Observateur*. 1973 trifft er Illich in Paris, der ihn nach Cuernavaca einlädt, wohin er 1974 mit seiner Frau Dorine reist. 1983 zieht er sich mit Dorine zurück, um ihr beizustehen, weil sie seit mehreren Jahren an einer fortschreitenden und unheilbaren Krankheit leidet. Sie nehmen sich 2007, im gemeinsamen Einverständnis, das Leben, davor hat André Gorz noch *Brief an D. Geschichte einer Liebe* [2008] veröffentlicht, einen diskreten und bewegenden Text von seltener Schönheit. Darin erwähnt er die Überlegungen von Illich zur Technik, die denen von Jacques Ellul und Günther Anders nahestehen: «Die Expansion der Industrien verwandelt die Gesellschaft in eine gigantische Maschine, die, statt die Menschen zu befreien, ihren Autonomieraum einengt und bestimmt, welche Ziele sie verfolgen sollen und auf welche Weise. Wir werden die Diener dieser Megamaschine. Die Produktion steht nicht mehr in unserem Dienst, sondern wir stehen im Dienst der Produktion. Und aufgrund der gleichzeitigen Professionalisierung aller möglichen Dienstleistungen werden wir unfähig, für uns selbst zu sorgen, unsere Bedürfnisse selbst zu bestimmen und sie selbst zu befriedigen. Wir werden von Experten bevormundet und entmündigt» [Gorz, 2008, 69].

Es gibt Anfangssätze, die den Ton eines ganzen Buches bestimmen. Die Dissertation von Louis-Ferdinand Destouches, genannt «Céline», die dem ungarischen Geburtshelfer Ignaz Semmelweis (1818–1865) gewidmet ist, beginnt so: «Mirabeau schrie so laut, dass ganz Versailles Angst hatte» (frz. Diss. 1924, *La vie et l'oeuvre de Philipp-Ignace Semmelweis*). Ein Eröffnungssatz wie eine Fanfare! *Die Nemesis der Medizin* steht dem nicht nach: «Die etablierte Medizin hat sich zu einer ernsten Gefahr für die Gesundheit entwickelt» [Nemesis, 9]. Man muss zugeben, der Titel ist ziemlich provokant. *Nemesis*, Tochter der Nacht, griechische Göttin, verkörpert die göttliche Rache an den Menschen, die Herren ihres Schicksals sein wollen. Von fünf «Pamphleten» ist dieses am ausführlichsten dokumentiert. Die Bibliographie ist atemberaubend. Der Leser hat den Eindruck, dass nichts dem kritischen Auge von Illich entgangen ist, weder die kleinste ‹graue› Information eines pharmazeutischen Labors noch die geringfügigste ökonomische Studie über einen der Gesundheitssektoren noch die winzigste Studie eines Historikers von Krankheiten. Das Werk ist der argumentativ durchgeführte Beweis seines polemischen Anfangssatzes in drei Teilen: zuerst die reiche historische Analyse der «klinischen Iatrogenesis», dann eine akribische Prüfung der «sozialen Iatrogenesis» und schließlich die Demontage der «strukturellen Iatrogenesis». Aber was bedeutet Iatrogenesis? «Der Name dieser neuen Epidemie ist ‹Iatrogenesis›; hergeleitet von iatros, dem griechischen Wort für Arzt und Genesis, für Ursprung» [Nemesis, 9]. «Im engsten Sinn des Wortes bezeichnet ‹iatrogene Krankheit› nur jene Leiden, die nicht entstanden wären, wenn keine korrekte und medizinisch angezeigte Behandlung vorgenommen worden wäre» [Nemesis, 24]. Illich nimmt eine ganze technische Literatur unter die Lupe, welche zugibt, dass «jedes Jahr (...) in den USA eine Million Menschen – das sind 3–5% aller Krankenhauseinweisungen – hauptsächlich wegen einer negativen Reaktion auf Medikamente eingewiesen» werden [Nemesis, Fn. 57, 226]. Einmal im Krankenhaus, haben zwischen achtzehn und dreißig Prozent aller Patienten eine pathologische Reaktion, die durch eine medikamentöse Substanz ausgelöst wurde [OC1, 613]. Und das stimmt nicht nur für die Vereinigten Staaten vor dreißig Jahren: *Liberation* vom 24. September 2004 zitiert zum Beispiel aus einem Bericht der Nationalen Agentur für Akkreditierung und Gesundheits-Evaluation, dass «20% der Röntgenaufnahmen des Knöchels von Patienten, die wegen einer leichten Verletzung in die Notfallaufnahme kommen, unnütz sind; dass zwischen 20 und 35% der Verschreibungen von Antibiotika zu nichts dienen; dass ein Viertel der Darmspiegelungen im Rahmen von Vorsorgeuntersuchungen unnütz sind, ebenso wie 10% der Operationen des Grauen Stars; dass sich in der Psychiatrie 42% der Patienten nicht aufgrund einer medizinischen

Notwendigkeit, sondern aus einem administrativen Grund befanden», etc.

Die Medikalisierung führt zur Übermedikalisierung, zum Überkonsum von unangemessenen, zweckwidrigen, unpassenden und unnützen Interventionen. Dieses Überangebot schmückt sich mit der Qualität der Dienstleistungen. «Im Falle, dass …, ist es besser, sich abzusichern». Am Ende des neunzehnten Jahrhunderts oder noch vor 50 Jahren war eine klinische Untersuchung ausreichend gewesen; künftig löst man eine Lawine von mehr und mehr ausgefeilten, technischen Untersuchungen aus, mit der naiven Zustimmung des Patienten. «Was, Sie machen bei mir keine Computertomographie? Mein Cousin hatte auch eine, als er Bauchschmerzen hatte!» Aber kein Bauch gleicht dem anderen, ausgenommen seine anatomische Lage. Man konsumiert ärztliche Handlungen, Medikamente, verschiedene und vielfältige Rehabilitationen – all das, um immer noch Schmerzen zu haben, zu leiden und schließlich zu sterben! Was machen die Ärzte? Man vervielfacht präventive Maßnahmen, lanciert nationale Kampagnen zur Früherkennung für dies und jenes, ohne sich übermäßig über die Angst zu beunruhigen, welche das Warten auf ein Ergebnis in einem gesunden Menschen auslöst. «Die *soziale Iatrogenesis* ist die paradoxale, unerwünschte und schädliche soziale Wirkung der Medizin, die größer ist als die der direkten technischen Interventionen» [OC1, 623]. Sie zeigt sich in einer exponentiellen Medikalisierung staatlicher Budgets; im Übrigen wird ein Land als «entwickelt» angesehen, wenn es so und so viele Ärzte, Operationsplätze, Hebammen, Krankenschwestern und Sanitäter auf tausend Einwohner hat. Sie ist mit einer regelrechten pharmazeutischen Invasion verbunden, wohl wissend, dass die allermeisten der verfügbaren Medikamente unwirksam sind. Schließlich unterstützt die soziale Iatrogenesis die Illusion, dass eine umfangreiche Pharmaproduktion gleichbedeutend mit einer guten gesundheitlichen Absicherung sei, ohne dass jemals ihr ökonomischer Einsatz verdeutlicht und die perverse Beziehung zwischen Laboren, Werbung in den Medien und der

Zusammensetzung der Kommissionen hinterfragt würde, die mit der Bewilligung dieses oder jenes Produkts beauftragt sind.

Ebenfalls lässt man uns glauben, dass die Medizin Fortschritte mache. Doch die meisten Krankheiten sind nicht durch ärztliche Behandlung besiegt worden, das bestätigen die Historiker, sondern durch bessere Ernährung, eine hygienischere Umwelt, Sportbetätigung etc. Im Gegenzug zögert das Medizinsystem nicht, das Ende einer Krankheit zu verkünden (wie oft in den letzten fünfzig Jahren haben die Zeitungen nicht den Sieg über den Krebs abgehakt!) und neue «Krankheiten» zu erfinden: die Schwangerschaft, die Pubertät, das Alter... Das ist Illich nicht entgangen: «Jedes Alter ist medikalisiert, genauso wie das Geschlecht, der Intelligenzquotient oder die Hautfarbe» [OC1, 640]. Jedem Alter seinen medizinischen Spezialisten (vom Kinderarzt bis zum Geriater), seine Krankheiten, seine Vorbeugung, seine Moden ...

«Noch 1960 z. B. gaben 96% der chilenischen Mütter ihren Kindern bis zum ersten Geburtstag und darüber hinaus die Brust. (...) 1970 stillten nur noch 6% der Frauen länger als ein Jahr und 80% hatten ihr Kind vor Ablauf des zweiten Lebensmonats entwöhnt. (...) Als die Flasche ein Statussymbol wurde, breiteten sich unter den Kindern, denen die Brust verweigert wurde, neue Krankheiten aus» [Nemesis, 63]. Wie ist der medizinischen Autorität zu trotzen? Vor der Muttermilch wird gewarnt, es lebe das in der Apotheke gekaufte Fläschchen! Schade um die Nähe, die Zärtlichkeit, die kaum wahrnehmbare Liebesbeziehung zwischen Säugling und Mutter, das Vergnügen des Saugens, den Geruch der beiden, die Qualität der durch die Muttermilch dem Kind übertragenen Antikörper, die natürliche Geburtenkontrolle während der Stillzeit etc. Wer wird darüber Buch führen? Das ist vernakulär! Dagegen wird die durch die Medizinautorität definierte Versorgung (und auch das, was man dazu sagen wird) zur Ware und erwirbt so einen Status, den die Heilmittel der Hebamme nie erreichen werden! Mit Ratschlägen, die von einer Erfahrenen gegeben werden, weiß man nichts mehr anzufangen, denn sie hat kein Diplom. Illich präzisiert: «Kulturen, in denen das Mitleid mit den Unglücklichen, die Gastfreundschaft für die Krüppel, der Spielraum für die Gestörten und der Respekt für die Alten hoch entwickelt ist, integrieren die Mehrheit ihrer Mitglieder weitgehend in das tägliche Leben» [Nemesis, 79]. Aber etwas hat sich in einem Jahrhundert verändert: der Gebrauch des Tätigkeitswortes «heilen». Es bezeichnet nicht mehr die Tätigkeit des Kranken, sondern diejenige des Medizinbetriebs, eines fremden Betriebs, der sich unaufhörlich unentbehrlich macht, immer auf Distanz. Illich untersucht diese wachsende Abhängigkeit, die mit der alten Gesundheit bricht, welche «die Fähigkeit voraussetzt, eine persönliche Verantwortung dem Schmerz, der Unterlegenheit, der Angst und, schließlich, dem Tod gegenüber zu tragen» [OC1, 707].

Künftig strebt Gesundheit ein anderes Ziel an: das Abtöten von Schmerz. «Jeder Schmerz erscheint seitdem als Resultat einer fehlerhaften Technik, einer ungerechten Gesetzgebung oder eines Mangels an schmerzstillender Medizin» [OC1, 715]. Hippokrates und seinen Schülern ging es jahrhundertelang darum, die Harmonie wiederherzustellen, aber nicht darum, den Schmerz abzuschaffen. Genauer gesagt, indem die Harmonie wiederhergestellt wurde, verging der Schmerz. Seitdem, bemerkt Illich, «gewann die Gesundheit, ähnlich wie ehedem die Krankheit, einen klinischen Status, der durch das Fehlen klinischer Symptome definiert war, und Wohlbefinden wurde mit klinischen Maßstäben der Normalität in Verbindung gebracht» [Nemesis, 117f]. Niemand ist mehr sein eigener Herr. Er kann die Beschwerden nicht spüren und im Bett bleiben, er muss ein medizinisches Zertifikat vorlegen! Wie der Autor es beschreibt: «Moderne Nemesis ist überall gegenwärtig, wie die universelle Verschulung, der Massentransport, die industrielle Lohnarbeit und die medikalisierte Gesundheit» [Nemesis, 191]. «Sie schwebt über den Fernsehprogrammen, den Autobahnen, den Supermärkten und den Krankenhäusern. Die Schutzgeister der traditionellen Mythen sind verschwunden. Das juristische Prozedere kann keine Tabus ersetzen in einer Gesellschaft, die jedem das Recht auf die Verwirklichung des gleichen Alptraums verkündet» [OC1, 781]. Ja, die Geschichte der Nemesis ist exemplarisch und irreversibel: «Die klassische Nemesis war Strafe für den vermessenen Missbrauch von Privilegien. Die industrielle Nemesis ist Vergeltung für die gehorsame Teilnahme am Streben nach Träumen, die weder durch die traditionelle Mythologie noch durch eine neue, vernünftige Selbstbeschränkung kontrolliert werden» [Nemesis, 194]. «Der Mythos erhellt sie nicht mehr, das Tabu beschränkt sie nicht mehr, die Ethik zügelt sie nicht mehr» [OC1, 782]. Der Leser ist vom Wahrheitsgehalt der Beweisführung überwältigt. Er hat überall Schmerzen und weigert sich, zur Notaufnahme zu gehen. Er dreht das Buch in jede Richtung und hofft, ein Wunderheilmittel zu finden. Was tun? Illich flüstert ihm zu: «Handle so, dass die Wirkung Deines Handelns mit dem Fortbestand wirklich menschlichen Lebens vereinbar ist» [Nemesis, 196].

Im Januar 1985 hält er anlässlich einer Tagung zu «Health and Healing in America» (Penn State University) einen Festvortrag mit dem Titel: *Zwölf Jahre nach «Nemesis der Medizin: Für eine Geschichte des Körpers»*. Er erinnert an die Schlussfolgerung seines Buches: «Von allem, was auf dem Gebiet der Heilung, der Linderung des Schmerzes, der Rehabilitation, der Tröstung und Vorbeugung erreicht wurde, ist der Medizin nur ein geringer Prozentsatz zuzuschreiben» [Mirror, 212]. Dennoch ist er nicht gänzlich zufrieden mit seiner Studie, denn mittlerweile hat er die Bedeutsamkeit des Körpers entdeckt und die Geschichte seiner Darstellungen zusammengestellt. Er will den drei bisherigen Iatrogenesen die *Iatrogenesis des Körpers* hinzufügen, die mit der medizinischen Institution die Abhängigkeit des Patienten spürbar verändert. Allerdings kennt der Patient seinen Körper, ist dessen rechtmäßiger Besitzer und greift ein, um ihn nach seinem Gutdünken zu formen (Schönheitschirurgie, Piercing, Tätowierung, Essensdiät, Bodybuilding ...). Illich bemerkt dazu: «Gegenwärtig ist eine verwirrende Mischung von Hightech und Pflanzenwissen, von Biotechnologie und autonomer Selbstbetreuung am Werk, um die gelebte Wirklichkeit zu erzeugen, einschließlich der des Körpers» [Mirror, 217]. Das Bestrafen liegt nicht mehr gänzlich in der Hand von Nemesis. Ist das besser? Illich schüttelt den Kopf.

In ihrem Artikel von 2002, *Die Suche nach der vergangenen Somatik* [Challenges, 219 ff], erzählt Barbara Duden, wie sie Illich ermutigte, *Nemesis 2* zu verfassen. Ohne Erfolg. Trotzdem zählt sie die Gelegenheiten auf, in deren Folge er seine Beweisführung tatsächlich ergänzt hatte, indem er «den Körper» hinzufügte, über dessen Geschichte in der westlichen Welt er sich auf den Spuren der ersten Arbeiten von Barbara Duden kundig machte (insbes. [Duden, 1987]). Es gibt den bereits erwähnten Vortrag von 1985, einen Traktat von 1987 (*Medizinische Ethik: ein Aufruf, die Bioethik abzuschaffen* [Mirror, 233]) und noch einen weiteren von 1989 (*Die institutionelle Konstruktion eines neuen Fetischs: Das menschliche Leben* [Mirror, 218–233], siehe auch *Die Substantivierung des Lebens im 19. und 20. Jahrhundert. Eine Herausforderung für das 21. Jahrhundert* [Leben, 225–234]). Alle drei sind *In the Mirror of the Past* veröffentlicht. Sie erwähnt ebenso den Entwurf für eine Konferenz in Bologna 1998: *Gesundheit und Krankheit als soziale Metaphern* [Streben nach Gesundheit, 1998]. Sie verweist auf den unterschiedlichen Wortgebrauch: Das Englische verfügt über *body* und *flesh*, das Deutsche über *Körper* und *Leib*, das Französische über *corps* und *chair*, aber diese Wörter bedeuten in der einen oder anderen Sprache niemals das Gleiche. Seit Beginn der 1990er Jahre arbeitet Illich über die Sinne, speziell über das «Sehen» und das «Blicken» (daher verschiedene Studien über optische Systeme im Lauf der Epochen und technische Verfahren der Darstellung und Reproduktion), aber auch über «das Leben».

Anlässlich einer Tagung an der Royal Society of Medicine (London 2003) kommt Jean-Pierre Dupuy auf die «Medikalisierung des Lebens» bei Illich zurück [Dupuy, 2004]. Er berichtet dort von seiner eigenen Forschung zur Medizin, von seiner Begegnung mit Illich und darüber, dass er an der französischen Fassung von Némésis médicale beteiligt war (er fuhr damals häufig nach Cuernavaca).

Schließlich geht er auf Distanz und bemerkt, an welchem Punkt bei der jungen Generation die Bezugnahme auf Illich verblasst ist. Gleichwohl hatte das *British Medical Journal* am 13. April 2002 ein Dossier veröffentlicht, das Illichs Thesen diskutiert: «Too much medicine? Almost certainly.» Unglaublich, aber wahr! Jean-Pierry Dupuy hat diese Ausgabe sorgfältig durchgeschaut und dabei entdeckt, dass es sich nicht um Illichs Thesen handelt, sondern um die von Michel Foucault. Was für ein enormer Widersinn! Die Autoren zeigen, wie sich die «Macht» «des Lebens» bemächtigt hatte, und wie der Souverän, der über Leben und Tod seiner Untertanen verfügte, dies der «Biomacht» überließ, die seitdem über das «Leben lassen» bestimmt. Jean-Pierre Dupuy erläutert, dass «Illichs Kritik keineswegs in einen Appell an Patienten mündet, die Macht über ihr Leben zurückzuholen, welche die Mediziner ihnen entzogen hätten». Er stützt sich auf einen Vortrag, den Ivan Illich 1990 in Hannover gehalten hatte (*Gesundheit in eigener Verantwortung: Danke, Nein!* [Selbstbegrenzung, 164–175]): «Ich glaube nicht, dass die Bürger es nötig haben, dass die Staaten ihnen eine nationale Gesundheits-Politik bescheren. Vielmehr brauchen sie die Bereitschaft, gewissen Wahrheiten mutig ins Auge zu sehen: wir werden den Schmerz nie beseitigen; wir werden niemals von allen Gebrechen geheilt; gewiss werden wir sterben. Als denkende Wesen müssen wir deshalb die Tatsache akzeptieren, dass das Streben nach Gesundheit Gesundheitsstörungen hervorbringen kann. Es gibt keine wissenschaftlichen oder technischen Lösungen. Nur die Aufgabe, täglich die Kontingenz und Zerbrechlichkeit der ‹conditio humana› hinzunehmen. Es gilt, die heute übliche Gesundheitsversorgung in vernünftige Grenzen zu verweisen. Es ist nötig, die Pflichten zu bestimmen, die wir als Individuen übernehmen, die unserer Gemeinschaft zukommen, und jene, die wir dem Staat überlassen. Ja, wir haben Schmerzen, wir werden krank, wir sterben. Aber gleichzeitig hoffen wir, lachen wir, feiern wir; wir kennen die Freude, füreinander Sorge zu tragen; oft gesunden wir auf verschiedenste Weisen und werden geheilt. Wir sollten nicht danach streben, unsere Erfahrungen einzuebnen. Ich lade Sie ein, Ihren Blick und Ihre Gedanken nicht auf die Sorge um das Gesundheitswesen zu verschwenden, sondern sie Ihrer Lebenskunst zu widmen. Das heißt heute, mit der selben Aufmerksamkeit, die Kunst zu leiden und zu sterben zu üben» (das Zitat stammt aus der erweiterten englischen Version [Hygienic Autonomy, 8]).

Jean-Pierre Dupuy und die Kontraproduktivität

Jean-Pierre Dupuy (geboren 1941, Fachschulingenieur, Mathematiker und Wirtschaftswissenschaftler unter dem Einfluss von Jean Ullmo und Maurice Allais) gründet am Vorabend des Mai 68 mit Philippe d'Iribane das Forschungszentrum zur Wohlfahrtsökonomie (Centre de recherches sur le bien-être). 1981 gründet er mit Jean-Marie Domenach für die Ecole Polytechnique das CREA. Er ist Autor eines äußerst scharfsinnigen persönlichen Werkes: *La Trahison de l'opulence* (1976, mit Jean Robert, Schweizer Architekt und Mitarbeiter von Illich, wohnhaft in Cuernavaca); ferner von *L'enfer des choses. René Girard et la logique de l'économie* ([1979], mit Paul Dumouchel), *Ordres et Désordres* [1982], *Aux Origines des Sciences Cognitives* [1994], *Pour un catastrophisme éclairé* [2002], *Petit métaphysique des tsunamis* [2003], und *Retour de Tchernobyl. Journal d'un homme en colère* [2006]. In *La Marque du sacré* [2009] bemerkt er: «Ich habe in meinem Leben das Glück gehabt, zwei großen Denkern begegnet zu sein, deren Denken zugleich höchst analytisch und höchst prophetisch ist, und die mich enorm beeinflussten: René Girard und Ivan Illich. Meine Begegnung mit Ivan Illich Anfang der 1970er Jahre entsprang aus meinem ersten Eindringen in die Philosophie. (...) Ich war jung, aber die Frage der Beziehung zum Körper, zur Krankheit, zum Leiden und zum Tod trieben mich schon um, aus Gründen, die aus meinen Erfahrungen in der Familie herrühren. (...) Damals hatte Ivan Illich seine Arbeiten zur Schule und zum Transportwesen bereits veröffentlicht, er wandte sich gerade der Medizin zu. Er erfuhr von mir durch Jean-Marie Domenach, der uns miteinander bekanntmachte. Daraus entstand eine tiefe intellektuelle und persönliche

Freundschaft, die mich im Laufe der 1970er Jahre mehrmals nach Cuernavaca brachte, eine ungefähr 60 Kilometer südlich von Mexiko Stadt gelegene Garten-Stadt, in der Illich sein Begegnungszentrum errichtet hatte. 1975 haben wir zusammen an der Herausgabe der französischen Fassung seines großen Buches über die Medizin gearbeitet: *Némésis médicale. L'Expropriation de la santé*. Das dritte Kapitel, das die allgemeine Theorie der Kontraproduktivität darlegt, stammt im Wesentlichen von mir» [Dupuy, 2009, 47 und 50].

Was hält er von Illich fest? «Illichs These, dass sich das Böse von den Intentionen seiner Interpreten unabhängig macht, steht stark im Einklang mit den Analysen von Günther Anders und Hannah Arendt, die über Hiroshima respektive Auschwitz nachdenken. Der Skandal besteht darin, dass ein maßlos Böses nicht durch Bösartigkeit verursacht sein könnte, dass eine monströse Verantwortung mit einem Fehlen böser Absichten einhergehen könnte, und dieser Skandal hört nicht auf, die Kategorien umzustülpen, mit denen wir die Welt beurteilen.» [Dupuy, 2009, 54].

An den Themen Energie und Gesundheit können wir sehen, dass Illichs Analysen der Institutionen regelmäßig aktualisiert werden und weiterhin viele Debatten beleben. Das trifft weniger für die Schule zu, denn die Position von Illich ist radikal, und die «Entschulung der Gesellschaft» entspricht nicht den Vorstellungen von Lehrenden, die zwar dem «Schulsystem» gegenüber kritisch sind, aber grundsätzlich einer idealen Schule anhängen. Sie lassen sich nicht darauf ein, dass Illichs Bildungsideal auf dem Ende der Pflichtschule beruht.

IV
Eine Trilogie für die Eroberung der Autonomie und die Verteidigung der Gemeinheit (*commons*)

Drei Werke bilden rückblickend ein unvollendetes, aber schlüssiges Ganzes. Nach dem Erscheinungsjahr im Deutschen sind das: *Schöpferische Arbeitslosigkeit* (1974), *Schattenarbeit* (1982) und *Genus. Zu einer historischen Kritik der Gleichheit* (1983). Alle behandeln die Arbeit und ihre vergangenen und zukünftigen Entwicklungen. Illich ist davon überzeugt, dass die Lohnarbeit am Verschwinden ist, sie wird kaum mehr als ein Jahrhundert bestanden haben und betrifft weltweit nur einen Bruchteil der Arbeitenden. Er sieht voraus, dass ein entlohntes, festes, regelmäßiges und dauerhaftes Arbeitsverhältnis zu einer Phase des Kapitalismus gehört, die vor unseren Augen zu Ende geht (was André Gorz in *Wissen, Wert und Kapital. Zur Kritik der Wissensökonomie* zeigt [2010]). Die drei Essays erörtern das Vernakuläre (das, was außerhalb des Marktes bleibt und selbst hergestellt wird), die Sprache (gemeine Sprechweisen, Muttersprache, unterrichtete Sprache) sowie vernakuläres Genus, das er sorgfältig von der Konkurrenz und der Ungleichheit zwischen den Geschlechtern unterscheidet.

«In diesem Nachtrag zu meinem Buch *Selbstbegrenzung* habe ich also drei Dinge vor», schreibt er in *Schöpferische Arbeitslosigkeit* [Fortschrittsmythen, 15]: «erstens, ich will den Charakter einer waren- und marktintensiven Gesellschaft beschreiben, in der die Überfülle an Waren die autonome Erzeugung von Gebrauchswerten lähmt; zweitens, ich will aufzeigen, welche verborgene Rolle die Experten in dieser Gesellschaft spielen, indem sie deren Bedürfnisse prägen; drittens, ich will Illusionen aufdecken und Strategien vorschlagen, um die Macht der Experten zu brechen, die unsere Abhängigkeit vom Markt zu verewigen droht». Er vertieft die in *Selbstbegrenzung* formulierten Thesen, wobei er den Ton und die große Genauigkeit in den ausführlichen Beispielen beibehält. Illich unterstreicht, dass die Standardisierung, die in allen Gesellschaften («reichen» und «armen») am Werk ist, mit ungebrochener Hartnäckigkeit voranschreitet und dabei «Bedürfnisse» vereinheitlicht, die manche für lebensnotwendig halten (obwohl sie aus einer veralteten sozio-ökonomischen Konstruktion stammen und solche «Bedürfnisse» mitnichten dieselben sind in einer Kultur und einer anderen, von Alter zu Alter, von Geschlecht zu Geschlecht). «Bedürfnisse» verbreiten sich unter der Fürsorge «etablierter Spezialisten», die sie kontrollieren und legitimieren. Niemand kann entrinnen. Eine derartige Universalisierung entpuppt sich in Illichs Augen als Abhängigkeit. Der Konsument / Nutzer gleicht einem Drogensüchtigen. Er hat keinen Abstand mehr zu seinem Schicksal und begibt sich in die Hände von Experten. Auch die Armut «modernisiert» sich, so Illich. Der «Arme» ist nicht mehr, wie im Mittelalter oder in anderen Zivilisationen, das Gegenteil des «Mächtigen» (in Indien zum Beispiel ist Armut ein Ideal, ebenso für manche christlich-monastischen Orden, für die sie eine Tugend ist). Es ist der von Sozialprogrammen mit Haut und Haar *Abhängige*, Programme, die ohne ihn beschlossen und nach Kriterien durchgeführt werden, die sich ihm gänzlich entziehen. Der «Arme» heißt im fünfzehnten Jahrhundert Vagabund, jemand, der «überall bleibt», so der Historiker Bronislaw Geremek; am Beginn des einundzwanzigsten Jahrhunderts bezeichnet man ihn als jemand «ohne festen Wohnsitz». Weil er mehr über die Art dieses Wandels erfahren will, widmet Illich mehrere seiner Seminare der Gastfreundschaft. Er erstellt eine sehr hilfreiche Bibliographie und ermuntert jeden, sich auf seinem Gebiet mit jenen noch bestehenden Formen der Gastfreundschaft zu befassen, die durch die Ausbreitung des Dienstleistungssektors bedroht werden [Paquot, 2000].

Die dominierende Expertenzunft

«Der Wandel vom freien Beruf zur dominierenden Expertenzunft kommt der staatsrechtlichen Anerkennung einer Kirche gleich. Die Ärzte als Biokraten, die Lehrer als Gnosokraten, die Totengräber als Thanatokraten haben weit mehr mit einer vom Staat finanzierten Geistlichkeit als mit freien Gewerbevereinen zu tun. Für die jeweilige Strömung der wissenschaftlichen Orthodoxie fungiert der Experte als Theologe. Als Sachwalter der Moral handelt er in der Rolle des Priesters: er weckt das Bedürfnis nach seiner Vermittlung zwischen dem dumm geborenen Menschen und dem Himmelreich gesellschaftlich funktionaler Bildung. Als vom Fortschrittsdenken getriebener Helfer der Unterprivilegierten spielt er die Rolle des Missionars und macht Jagd auf die noch nicht zum Evangelium der Schule Bekehrten. Als Inquisitor schleudert er den Bannstrahl gegen die Unorthodoxen: er zwingt dem widerspenstigen Ketzer, der nicht zugeben will, dass er ein Problem darstellt, seine Lösungen auf. Diese vielgestaltige Investitur, die dem Experten die Aufgabe überträgt, spezifische Mängel der menschlichen Existenz zu beheben, verleiht jeder Spezialistenzunft den Status eines anerkannten Religionskultus. Die öffentliche Anerkennung der dominierenden Spezialistenzünfte ist folglich ein politischer Akt. Jede neue Zunft schafft sich sofort eine neue Hierarchie, neue Klienten und Ketzer und neue Ansprüche auf staatliche Mittel» *Schöpferische Arbeitslosigkeit* in: [Fortschrittsmythen, 43].

Streng genommen werden wir mehr und mehr zu «Gefangenen» eines Systems, dem wir nicht widersprechen, zu freiwilligen Häftlingen des Konsum-Alptraums. Ohne es zu wissen, schreiben wir am zweiten Band von *1984* (Orwell ist ein von Illich besonders geschätzter Autor).

Das Ende von Genus?

Die postindustriellen Auswüchse gefährden das Gleichgewicht der Umwelt; auch zögern multinationale Firmen nicht, den Club of Rome zu finanzieren, von dem einige Mitglieder Illich zur Mitarbeit auffordern, der dies aber ablehnt [Fortschrittsmythen, 60]. Er findet ihre Szenarien ziemlich uninteressant, denn was nützt es, das industrielle Wachstum zu begrenzen, damit vordergründig die Biosphäre geschützt würde, obwohl es doch darauf ankäme, auch und vor allem das Wachstum der Dienstleistungen zu zügeln (in der Einleitung zu *Shadow Work* [1981, 2–3] und in [OC2, 95]). Ein Problem, in das er sich mit seinen Freunden in Cuernavaca hineinkniet, und dessen Ergebnisse in den «Pamphleten» stehen. Diese völlig neue Sicht auf den postindustriellen Kapitalismus führt ihn dazu, eine Arbeit abzugrenzen, die nicht entlohnt wird, die auch nicht zur häuslichen Sphäre gehört, sondern die die Lohnarbeit unterstützt und ihr wesensgleich ist, nämlich die «Schattenarbeit». Im Gegensatz zu herkömmlichen Sichtweisen ist diese «Schattenarbeit» nicht abhängig von der sogenannten «informellen» Ökonomie, welche die Ökonomen zu dieser Zeit bei den meisten Ländern der Dritten Welt entdecken. Aber ebensowenig ist sie eine vernakuläre Ergänzung zu einer bezahlten Tätigkeit. Sie ist der Schatten der industriellen Arbeit, ohne den diese nicht sein könnte, was sie ist. Hier stehen wir vor der unbezahlten Tätigkeit des Konsumenten, die einer Ware ihren Gebrauchswert hinzufügt, damit sie brauchbar wird: Das genau bedeutet «Schattenarbeit».

Illich zögert nicht, einen Abstecher über die Beschaffenheit der «aufgezwungenen Sprache» zu unternehmen, um seine Entdeckung zu verdeutlichen. Er schlägt als symbolisches Datum das Jahr 1492 vor. In der Rangordnung der Geschichte zählt Christoph Kolumbus weniger als Elio Antonio de Nebrija, der Verfasser der ersten spanischen Grammatik, die im gleichen Jahr erscheint. De Nebrija predigt, die lebendigen Sprechweisen zu vereinheitlichen, um seine

Schriftform durchzusetzen [Gemeinheit, 15 ff], und er sieht in der Verregelung der vernakulären Sprachen durch den Staat (in diesem Fall durch die Königin von Spanien) ein Mittel, die Untertanen unterzuordnen. Kontrolle über Sprache als Politik, als Waffe für eine territoriale Eroberung, als Mittel zur Beherrschung der Köpfe? Dank Nebrija spricht heute ein Großteil der Amerikaner Spanisch. Was geht dabei verloren? Illich antwortet: «die Vernakulärsprache verbreitete sich auf ähnliche Weise, wie auch die meisten Dinge und Dienste geteilt wurden, nämlich in vielfältigen Formen wechselseitiger Reziprozität und nicht in einem Klientenverhältnis zu einem für diesen Zweck berufenen Lehrer oder Experten» [Gemeinheit, 40]. Durch die Herrschaft der Expertenzunft wird das Vernakuläre marginalisiert, und «Schattenarbeit» verbreitet sich unmerklich. Das Auftauchen der Experten ist mit einer neuen geschlechtsspezifischen Zuordnung von Aufgaben verbunden. Die «Hausarbeit», bis dahin unbekannt, taucht zu Beginn der Industrialisierung auf: Die Frauen kümmern sich um das Haus, die Männer gehen in die Fabrik. Es sei denn, dass die Maschinen sie ebenfalls beanspruchen, sie mit einem «Werkstück» zu füttern, und damit beginnt ihr doppelter Arbeitstag. An diesem Punkt seiner Überlegungen stolpert Illich über zwei «kleine Aufsätze im Deutschen». Der eine ist von Claudia von Werlhof, die von der «Hausfrauisierung» spricht [Genus, 161; von Werlhof, 1988], um die Lage der Frauen im Verlauf des neunzehnten Jahrhunderts zu charakterisieren; der andere von Barbara Duden, die, was damals überraschend war, darlegt, dass die Heraufkunft des Kapitalismus eine «Polarisierung der Tätigkeiten zwischen reproduktiven Frauen und produktiven Männern» nach sich zieht [Illich in Conversation, 174; Duden, 1977]. Auch wenn Illich den kämpferischen Ton des Textes von Barbara Duden nicht schätzt, hat ihn damals, als er ihr begegnet, ihre These erschüttert. Sie werden Freunde und arbeiten zusammen. Er beginnt, zahlreiche Studien von Historiker(inne)n zu lesen, um zu verstehen, wie es möglich wurde, dass die gleiche Arbeit unterschiedslos von einem Mann oder einer Frau ausgeführt werden konnte, ein historisch absolut neues Phänomen mit ungeahnten Folgen. Daher rührt seine Forschung zu Schattenarbeit und später zum vernakulären Genus. Die eine führt zur anderen und wieder zurück.

Vor der Industrialisierung gibt es keine solche Unklarheit der Bereiche. Räume, Werkzeuge, Tätigkeiten, Sprechweisen etc. sind genusbestimmt: Die «Gesellschaft» wird in Begriffen einer lokalen, dissymetrischen Komplementarität zweier Sphären verstanden, die jene, die ihnen angehören, jeweils als Männer oder Frauen der Gesellschaft bestimmen [Illich in Conversation, 176].

Illich erzählt David Cayley, dass sein Herausgeber (Pantheon, New York), als er ihm den Titel *gender* (im Deutschen *Genus*) vorschlug, ihm entgegensetzte, dass *gender* bloß den bestimmten Artikel – «der, die, das» – vor einem Hauptwort bezeichnet. Illich befragt Datenbanken in Bibliotheken und stellt fest, dass die Unterscheidung, die er zwischen «sexus» und «genus» einführen möchte, nicht existiert, und dass das Wort «Sexismus» oder «sexistisch» für alle Formulierungen vorherrschend ist, in denen eine Unterscheidung zwischen Frauen und Männern besprochen wird. Bereits ein Jahr nach Erscheinen des Buches (im Amerikanischen) stand das Wort *gender* in den analytischen Sachregistern [Illich in Conversation, 181]. Aber die Zweideutigkeit bleibt, und universitäre Feministinnen, die in den *Gender Studies* aktiv sind, greifen Illich anlässlich seiner Vorlesungen in Berkeley 1982 massiv an [Feminist Issues, 1983]. Haben sie ihn gelesen? Das kann man bezweifeln. Sie weigern sich, «Genus» zu denken, und konzentrieren sich auf den «Sexismus», der Ungleichheiten schafft, was Illich aber nie geleugnet hat und den er «verabscheut». Seine Analyse versucht nicht, der männlichen Dominanz entgegenzutreten, sondern die ökonomischen, kulturellen und körperlichen Auswirkungen im Übergang von «vernakulärem Genus» zu einer «Ökonomie des Sexus» zu fassen. «Genus ist substantivisch, Geschlecht ein sekundäres Attribut» [Genus, 51]. «Genus ist ein primär Gegebenes und umfasst weit mehr als das biologische Geschlecht. Es ist niemals für sich vollständig. Es begründet eine soziale Doppelwelt, die an jedem Ort und in jeder Zeit verschieden ist» [Genus, 45]. «Genus ist in der Tradition von Dualität verankert; wie das yin und yang (…), in denen diese Zweiheit aufscheint» [Genus, 47]. Sexus ist ein sekundäres Attribut, die Eigenschaft eines Individuums, ein Charakteristikum. «Es ist ein wesentlicher Unterschied, ob man von sich als Frau oder Mann spricht – oder als einem menschlichen Wesen mit weiblichen oder männlichen Geschlechtsmerkmalen. In Genus wird man hineingeboren und wächst darin auf; die Geschlechtsrolle ist dagegen etwas, das man erwirbt» [Genus, 52]. Für zahlreiche Feministinnen besitzt dieser Text einen altväterlichen Beigeschmack: Illich würde der guten alten Zeit nachtrauern, wo die sozialen Rollen genau verteilt waren – jeder an seinem Platz –, während künftig, und das ist eine feministische Forderung, Frauen wie Männer studieren, Gelehrte oder Flugpilotinnen werden!

Was sich beim Übergang von einer genusbestimmten zu einer dem «ökonomischen Sexus» unterworfenen Gesellschaft ändert, ist, dass der Mehrwert, der durch einen Lohnarbeiter (Mann oder Frau) erwirtschaftet wird, ihm nicht gehört, er wird enteignet. Jede Gesellschaft, die «Vollbeschäftigung» (ein neuer Begriff) anstrebt, bringt «Schattenarbeit» hervor, die den informellen Sektor kolonisiert und so zum «Systemerhalt» beiträgt. Die Arbeitslosigkeit wird zum «Urheber» von Wert, wenn sie den Regeln der Ökonomie entkommt, d.h. die Domäne der Knappheit verlässt. In Fußnote 11 von *Genus* führt er aus, dass «Knappheit jene Bedingung bezeichnet, unter der Werte formal-ökonomisch miteinander in Beziehung gesetzt werden können. Ökonomische Gesetzmäßigkeiten beziehen 1. individuelle, genuslose und besitzergreifende *Subjekte* (die Personen oder Gesellschaften sein können), 2. *Institutionen* (die Umwelt als private oder öffentliche Ressource definieren), und 3. *Waren* (die Energie, Arbeitskraft oder sonst irgendein Produkt sein können) aufeinander» [Genus, Fn 11, 137]. Nachdem er 1976 und 1977 «durch Zufall» [Illich in Conversation, 194] Karl Polanyi (1886–1964) entdeckt hat, nimmt sich Illich die Geschichte der

Knappheit vor, die er nicht zu Ende führen wird, und zu der diese drei Werke Teilstücke sind (siehe auch Illichs *Einführung in die Kulturgeschichte der Knappheit* [Babel, 12–31]). Polanyi zeigt, dass das Ökonomische sich nicht auf die Trias Handel/Geld/Markt beschränkt, denn es gibt vielfache und verschiedenartige Verbindungen dieser drei Bereiche (manchmal findet man nur eine dieser Zutaten, ein anderes Mal zwei davon und in verschiedener Hierarchie etc.). Die Vormacht des Ökonomischen resultiert aus dessen «disembedding» aus dem sozialen Leben, was, zumindest im Westen, ab dem sechzehnten Jahrhundert geschieht. «Was Karl Polanyi das «disembedding» der formalen Marktwirtschaft genannt hat – nämlich den Vorgang der Herauslösung der Marktwirtschaft aus ihrer Einbettung in das Gesamtsystem der Gesellschaft, beschreibe ich hier aus anthropologischer Sicht als die Umwandlung von Genus in Sexus» [Genus, 17].

Wir fassen diese drei Werke zusammen, weil sie alle die «Knappheit» behandeln, die auf hergestellten «Bedürfnissen» basiert, und deren Befriedigung nur durch einen Markt mit standardisierten Gütern und Dienstleistungen denkbar ist. Diese «Ökonomie der Knappheit» entspricht einem Kapitalismus, der es einrichtet, dass Frauen gegenüber Männern ökonomisch diskriminiert werden, indem er Genus vernichtet. «Eine ökonomische Benachteiligung der Frauen kann ohne den Verlust von Genus und ohne die soziale Konstruktion von Sexus überhaupt nicht existieren. (...) Dann ist eine notwendige, wenn auch nicht hinreichende Bedingung für die Zurückdrängung des Sexismus, dass Geldwirtschaft reduziert und nicht-marktbezogene, nicht-ökonomische Formen der Subsistenz ausgebaut werden» [Genus, 17].

Schöpferische Arbeitslosigkeit, Schattenarbeit und ökonomischer Sexus überlappen sich in einer genuslosen Ökonomie, die sich globalisiert und vereinheitlicht (vorgespurter Schwund der Vielfalt der Sprechweisen) und jeden unter dem Vorwand irreführt, dass dadurch die Gleichheit zwischen den Geschlechtern und den Ländern gedeihen würde. «Ich habe behauptet, dass der

Kampf gegen den Sexismus mit den Bemühungen einhergeht, die Zerstörung der Umwelt einzuschränken und die radikale Monopolherrschaft der Warenproduktion und Dienstleistungen über die ‹Bedürfnisse› anzugreifen. Ich habe behauptet, dass diese drei gegenwärtigen Bewegungen konvergieren, weil ökonomisches Schrumpfen ihre gemeinsame Bedingung ist. (…) Ich habe weiterhin behauptet, dass diese drei Bewegungen drei Aspekte eines Versuchs sind, die Gemeinheiten (*commons*) wieder zu entdecken, die Gemeinheiten in jenem Sinn, der das ganze Gegenteil von ökonomischen Ressourcen bedeutet. Für dieses Unterfangen wollte ich eine Theorie anbieten, um die für eine Geschichte der Knappheit notwendigen Grundüberlegungen zu klären» [Genus, 122].

Autonomie und Gemeinheit

Jedes dieser drei Werke erwähnt mehrmals die Suche nach Autonomie und die Verteidigung der Gemeinheit (*commons*). Worum handelt es sich? Die Autonomie steht der Heteronomie gegenüber wie die Stille dem Lärm. Autonomie setzt Selbstbewusstsein voraus, das man nur mit der Möglichkeit zu sprechen erwirbt, zu sagen, was man empfindet, was man wünscht, was man verweigert oder wogegen man sich widersetzt. Ein solches Sprechen vereint das Wort und das Schweigen, ohne dass das eine zum Nachteil des anderen gereicht. Ein solches Sprechen verlangt Aufmerksamkeit und Respekt. Genauso wie es in einer Sprache oder ihrer Übersetzung üblich ist. Die Autonomie des Subjekts zeigt sich in der vernakulären Sphäre und kann, mehr schlecht als recht, im «Zeitalter des Werkzeugs» und in der «Ära der Systeme» existieren, muss sich aber vor jeder Entstellung und Entfremdung schützen. Ein Kampf der Titanen! Oft kapituliert das autonome Subjekt und akzeptiert seine Situation als Konsument/Kunde (als gebrauchter Konsument), indem er nicht mehr als ein winziges Stück Autonomie behält, seinen «geheimen Garten», sein Votum in der Wahlkabine, seine Unterschrift unter einer Petition. Die Allmende war gemeinsames, kommunales Land (Weideland, Wälder, Brachen …), das nicht aufgeteilt werden durfte: Sie gehörte jedem, weil sie allen gehörte. Dieses Allmendeland war begehrt, und die Geschichte geizt nicht mit willkürlicher Beschlagnahme, illegaler Besetzung, missbräuchlicher Aneignung. Als in England die Adeligen, die Landbesitzer, ihre Einhegung (*enclosure*) forderten, beanspruchten sie die Allmenden. Thomas Morus prangert damals an, dass Schafe anstatt der Menschen grasen und ihre Wolle auf deren Rücken erzeugen. Das Ende der Allmenden schleudert Tausende von Landstreichern, diese im aufkommenden Kapitalismus zur Zwangsarbeit in den Zuchthäusern verurteilten Vagabunden, auf die Straßen der Stadt und in die Arbeitshäuser, *workhouses*. Für Illich sind die Allmenden nicht nur die gemeinsamen Ländereien, die Bauern ohne Landbesitz zur Verfügung standen. Sie sind nicht nur das, was man teilt, sondern alles, was den Sinn von *communitas* stärkt, das heißt den Sinn für das, was gemeinsam ist, weil es den einen für den anderen verpflichtet. «Ursprünglich bedeutete mei*, was mehreren abwechselnd zukommt, so wie heute noch die Alm, die All-me(i)nde. Es bedeutet den Anspruch einer Gemeinde oder Gemeinschaft auf die ihr eigene Art der Umweltnutzung. Daraus hat sich dann die Bedeutung ‹gemeinsam›, ‹gemeinschaftlich›, ‹allgemein› entwickelt. Bis ins frühe 17. Jahrhundert meint das Wort ‹Gemeinheit› ausschließlich diese Nutzungsrechte und ihre Subjekte» [Gemeinheit, 7]. Dieses Gemeinschaftliche muss immer angefacht und gepflegt werden. Es weist unzählige Formen auf, einschließlich immaterielle, wie eine Sprechweise, einen Tausch ohne Geld, eine Geste der Höflichkeit, eine stumme Komplizenschaft, eine gemeinsame Fröhlichkeit etc. Das Gemeinsame wertzuschätzen, verlangt Autonomie. Keine Gemeinheit ohne Autonomie und umgekehrt. Die Kultur des einen bedingt die Möglichkeit des anderen. Das probiert zum Beispiel ein Slumbewohner aus: Indem er seinem Nachbarn hilft, seine Hütte zu bauen, schafft er nicht nur eine zeitlich gestundete Gegenseitigkeit, die bewirkt, dass sein Nachbar auch beim Bau seiner Baracke beitragen wird, sondern er erlebt sich frei, nach seinem Gutdünken zu handeln. Diese winzige, unaufdringliche Freiheit, so unspektakulär, dass sie unbemerkt geschieht, bereichert die Autonomie. Es ist daher kein Zufall, dass John Turner in *Verelendung durch Architektur* [1978] ausführlich «Autonomie» und «Heteronomie» unterscheidet, und dass Architekten, die mit Fertighäusern dorthin aufbrachen, wo ein Tsunami die Behausungen von Fischern weggefegt hatte, entdeckten, dass sie diese nicht bezogen; dabei waren die Fertighäuser neu und komfortabel, nur dass die Bewohner weder an deren Montage beteiligt waren noch bei der Wahl von deren Ort und Ausrichtung. Häufig vergisst die Internationale Hilfe, die sich an alle, d.h. an jeden wendet, dass der Mensch nur an seine so sehr misshandelte Menschlichkeit anknüpfen kann, wenn seine Autonomie Vorrang hat.

Wohnbau für Menschen!

Mehrmals in seinen Büchern erwähnt Illich das städtische Leben, auch wenn er Verstädterung, Stadtplanung und Architektur nicht spezifisch thematisiert. *Die Kunst zu wohnen*, ist in seinen Augen maßgeblich [Mirror, 55–64]. Er unterrichtete an Architekturfakultäten (in Philadelphia und State College), einer seiner Brüder ist Architekt, ebenso Jean Robert, einer seiner engsten Mitarbeiter. Unter seinen Freunden sind Joseph Rykwert (geboren 1926, Autor von *The Idea of a Town* [1988]) und John Turner (geboren 1926, Autor von *Housing by People* (1976), deutsch: *Die Verelendung durch Architektur* [1978]). John Turner, Schüler des Botanikers und Stadtplaners Patrick Geddes (den er 1949 neu herausgibt), arbeitet in den Elendsvierteln von Peru, bevor er dort maßgeblich zum Wohnungs- und Siedlungsbau beiträgt. Seine Thesen stellt er 1976 anlässlich der UN-Konferenz «Habitat 1» in Vancouver vor, an der auch Illich teilnimmt, dessen Begriff der «Autonomie» er übernimmt. Olivier Marc veröffentlicht, angeregt durch Illich, *Die Psychoanalyse des Hauses* (frz. *Psychoanalyse de la maison,* Paris, Le Seuil 1972); Giancarlo de Carlo (1919–2005), Colin Ward (1924–2010), Franco La Cecla sowie Sigmar Groeneveld führen mit ihm Gespräche über Stadt und Architektur, mit oder ohne Architekten. Roselyn Lindheim arbeitet mit am Vorbereitungsseminar zu *Die Nemesis der Medizin* (CIDOC DOC I/V 73 und 74) und präzisiert Illichs Herangehensweise in *The Hospitalization of Space* [Lindheim, 1975].

Illich bemerkt in dem Kapitel zu *Konviviale Erneuerung* in *Selbstbegrenzung* [67]: «Im Jahre 1945 waren 32% aller Einfamilienhäuser in Massachusetts noch im Eigenbau entstanden; die Eigentümer hatten sie entweder vom Fundament bis zum Dach selbst errichtet, oder sie waren unter deren voller Verantwortung gebaut worden. Schon 1970 war das Verhältnis auf 11% gesunken.» Illich lobt den Eigenbau: «Die Bauindustrie in den lateinamerikanischen Ländern bietet ein gutes Beispiel für die Dysökonomien, die Architekten auf dem Bildungssektor verursacht haben. Alle größeren Städte dieser Länder sind von riesigen Flächen selbstgebauter *favelas, barriadas* oder *poblaciones* umgeben. Bauelemente für neue Häuser und Versorgungseinrichtungen könnten ohne große Kosten und in für den Eigenbau geeigneter Form hergestellt werden. (...) Aber statt den Menschen dabei zu helfen, ihre Fähigkeiten zu nutzen, das eigene Umfeld zu gestalten, setzt ihnen die Regierung in diese Barackenstädte öffentliche Einrichtungen hin, die eigentlich für Menschen gedacht sind, die in Häusern mit modernem Standard leben. (...) Ihnen wird gleichzeitig die Möglichkeit genommen, während des Bauens etwas zu lernen» [Selbstbegrenzung, 97 f]. Eine Beobachtung, die er in *Schöpferische Arbeitslosigkeit* wiederholt: «Der Mann, der sein eigenes Dach über dem Kopf baut, wird als Abweichler verachtet, der sich weigert, mit der lokalen Pressuregroup von Lieferanten massenproduzierter Wohneinheiten zu kooperieren. Auch wurden zahlreiche Bestimmungen erlassen, die seinen Einfallsreichtum als illegal, ja sogar kriminell brandmarken» [Fortschrittsmythen, 23].

In *Energie und Gerechtigkeit* entlarvt er die «Zauberlehrlinge» [Fortschrittsmythen, 100]: «Diese futuristischen Architekten möchten die Menschen in autarken Turmeinheiten wohnen und arbeiten lassen, welche durch Schienen für superschnelle Kabinen miteinander verbunden sind. Soleri, Doxiadis oder Fuller möchten das durch den superschnellen Transport geschaffene Problem dadurch lösen, dass sie den gesamten Lebensbereich des Menschen in das Problem einbeziehen. Statt zu fragen, wie die Erdoberfläche für den Menschen erhalten werden kann, fragen sie, wie Reservate auf einer Erde geschaffen werden können, die um industrieller Produkte willen deformiert wurde.»

Zum Weiterlesen: *Hausen und Wohnen* in [Genus, Fn 85, 191 ff], diese Fußnote enthält eine kostbare Bibliographie zur vernakulären Architektur; Paquot [2010 b]; Paquot, Stathopoulos und Masson [2012] und dort den Beitrag von Silvia Grünig-Privado; Soulier [2012].

V
Der Verlust der Sinne – sprechen, lesen, schreiben, blicken

Nach fünf Pamphleten und einer Trilogie veröffentlicht Illich noch folgende Bücher: *H2O und die Wasser des Vergessens* [1987] (engl. 1985); *Schule ins Museum. Phaidros und die Folgen* [1984]; zusammen mit Barry Sanders ABC. *Das Denken lernt Schreiben. Lesekultur und Identität* [1988]; *Im Weinberg des Textes. Als das Schriftbild der Moderne entstand. Ein Kommentar zu Hugos Didascalicon* [2010] (engl. 1990); *In the Mirror of the Past. Lectures and Adresses 1978–1990* [1992]; sowie, noch in englischer Sprache fertiggestellt, aber posthum in französischer Sprache erschienen, *La Perte des sens* [2004]. Es handelt sich um wesentliche Werke, die seine Intuition in neuen Forschungsgebieten bestätigen, wie die Sinne – darunter das Blicken, das Lesen, die Buchseite, der Bildschirm, alphabetische und numerische Kulturen. Zwischen den Zeilen ist immer seine Kritik, einerseits der enteignenden und andererseits der konvivialen Werkzeuge gegenwärtig, welche ihrem Benutzer größtmögliche Autonomie zusichern. Stets unternimmt er einen historischen und mythologischen Umweg und legt eine etymologische Studie der zentralen Begriffe vor, die er im Laufe seines Nachdenkens streift. Diese Essays und Vortragssammlungen sind dem breiten Publikum weniger bekannt, deshalb aber nicht weniger ausgearbeitet. Sogar im Gegenteil. Der Leser schätzt die Reife der feinsinnigen Äußerungen, die Kraft und Originalität der angepackten Themen, und, wie immer bei Illich, ist er beeindruckt von der Fülle an Geschichten und bibliographischen Verweisen. Längst bekannt, ja geläufig, sind ja Illichs Thesen zur Kontraproduktivität der Institutionen, zur Enteignung der Gemeinheit, zur Einengung der Sphäre der Autonomie, zur «sanften Tyrannei» der «entmündigenden» Expertenzunft usf., ohne dass man notwendigerweise weiß, dass sie Illich geschuldet sind. Nur das Adjektiv «konvivial» wird ihm noch zugeschrieben – allerdings im verflachten Sinne von «freundlich».

Wir werden das Wasserbuch (*H2O und die Wasser des Vergessens* [1987]), das aus einem Vortrag von 1984 in Dallas hervorgegangen ist [Mirror, 145–158], hier ausklammern – es steht als einmalige semantische Studie über die Historizität und die Modernisierung eines Basisstoffs für sich.

Lässt Leitungswasser träumen?

Illich liest griechische Texte über das Wasser (die Flüsse der Lethe, die Quelle der Mnemosyne), als er einen Telefonanruf aus Dallas erhält. Das Dallas Institute of Humanities and Cultures lädt ihn zu einem Vortrag über den Ort des Wassers in der Stadt ein, anlässlich der Planung eines Sees im Stadtzentrum, an der Stelle eines mexikanischen Viertels. Gleich im Anschluss an diese Konferenz verfasst er im Deutschen ein gleichnamiges Buch, *H2O und die Wasser des Vergessens* (der Vortrag findet sich in [Mirror, 145 - 158]: *H2O and the Waters of Forgetfulness*). «Ich habe versucht, die Geschichte des Stoffes Wasser zu erzählen, und seine jahrhundertelange Zweideutigkeit zu erhellen; Wasser ist zugleich Oberfläche und Tiefe. Wenn es über die Haut rinnt, kann es ihre Unreinheiten wegwaschen, aber auch durch einfache Berührung das Innerste der Seele reinigen. Diese beiden Tätigkeiten, Waschen und Reinigen, sind völlig verschieden» [Illich in Conversation, 247].

Illich will die «Geschichtlichkeit des Stoffes» verstehen. Er nimmt als Beispiel das Wasser, und wird dabei nicht nur in Erinnerung rufen, welche Bedeutung die Elemente (in der westlichen Tradition Erde, Wasser, Feuer und Luft) in der kollektiven Imagination verschiedener Epochen haben, sondern erklären, was *Wohnen* bedeutet. «Wohnungen können nicht mit solchen Lagern (eines Tieres, AdÜ) zur Aufzucht des Nachwuchses gleichgesetzt werden; sie sind durch Kultur geformt. Keine andere Kunst als die des Wohnens drückt so umfassend das Eigentümliche der menschlichen Existenz aus – etwas, das geschichtlich ist und sich nicht auf biologische Programme reduzieren lässt. Aber weder ist eine Wohnung ein besonderer, durch Territorialinstinkt bestimmter Platz, noch ist sie eine Garage» [H2O, 23].

Er stellt Geschichten zusammen: von Städten (wer leitete ihre Gründung? Was heißt «Raum»? Weshalb eine solche geometrische Form?); von Techniken zur Gewinnung und Verteilung von Wasser (Pumpe, Aquädukt, Bäder, Kanalisation, WC etc.); vom Gedanken der Hygiene (der Krieg gegen Miasmen, Erziehung der Nase, Heilung durch Baden im Meer, der desinfizierte Haushalt ...) bis zu den organischen Funktionen der Stadt, in der alles zirkuliert, um sie zu reinigen, zu belüften, sauber zu halten. Dieser kurze, äußerst brillante Essay sollte in das Programm jeder Hochschule für Architektur und der Institute für Urbanistik aufgenommen werden, weil er die Frage nach der Bewohnbarkeit eines Ortes für Menschen stellt. Und das Wasser? Wieder aufbereitet, gereinigt, gechlort kann es ungefährlich sein, es hat aber die Fähigkeit verloren, die Wasser der Träume zu sein. Bachelard beschreibt das Wasser in *L'Eau et les Rêves. Essai sur l'Imagination de la Matière* (1942) (engl. *On poetic imagination and reverie* [2014]) als eine der Imaginationskräfte unseres Geistes; mit seiner Kanalisation, seinen Kläranlagen, seiner chemischen Aufbereitung, seinen Kosten, seiner Bewirtschaftung fließt es sozusagen nicht mehr aus der Quelle. Es wird zu H2O, «einer knappen Ressource, die einer technischen Bewirtschaftung bedarf» [H2O, 25]. Das sprühende Wasser des Wasserfalls, das stille Wasser des Sees, das aufgewühlte Wasser des Ozeans, das sparsame Wasser des Wadi, das zarte Wasser des Taus, das frische Wasser des Baches verlieren so ihre Poesie. Wie Illich schreibt: Das Wasser der Stadt «ist eine kontrollierte Flüssigkeit, die die Fähigkeit verloren hat, die Wasser der Träume zu spiegeln» [H2O, 125].

Im Folgenden werden wir uns den drei Schriften Illichs zur Geschichtlichkeit der Rede und Sprache, der alphabetischen Schrift, des Schriftstücks und des Textes, des Lesens und des schriftbezogenen Denkens zuwenden. Mit ihnen formt er seine frühere Kritik der modernen Pflichtbeschulung und der Erziehung in eine historische Darstellung ihrer Mittel um bzw. ihrer Vermittlungswerkzeuge. Und er gewinnt so einen in der okzidentalen «Schriftlichkeitsgeschichte» begründeten Standpunkt für seine radikale Kritik der zerstörerischen Rolle der rasant an Terrain gewinnenden Informationstechnologien, besonders der Wirkungen des Computers, den er polemisch «Sprachroboter» nennt, auf das Schreiben, Sprechen und Denken.

Alle drei Schriften wurden durch Einladungen ganz verschiedener Historiker ausgelöst – *Schule ins Museum* durch den Volkskundler Lenz Kriss-Rettenbeck (Bayerisches Nationalmuseum München), die Eröffnung eines Schulmuseums kritisch zu kommentieren, *Im Weinberg des Textes* durch den Sozialhistoriker Ludolf Kuchenbuch (Hagen), sich am Studienprogramm zur alteuropäischen Schriftlichkeit der deutschen Fernuniversität zu beteiligen, ABC durch den Literaturwissenschaftler Barry Sanders (Pitzer College, Claremont), den Zusammenhang zwischen dem alphabetischen Denken und der Soziogenese des Selbst aufzuhellen. Jedes Buch hat seine eigenen Schwerpunkte. *Schule ins Museum* bietet einen in vier Schritte gegliederten Prüfgang durch das eigentümliche Wechselspiel zwischen mündlicher und schriftlicher Kultur in der europäischen Vormoderne. Warum? Er will zeigen, welche sozialen und mentalen Schriftbezüge die Etablierung der Pflichtschule möglich gemacht haben. Der Sinn des Gesamtarguments: Was einen kontingenten Anfang nahm, wird auch ein Ende haben: die alphabetische Beschulung – also: Schule ins Museum! Illich beginnt mit den Sätzen: «Es gibt Vorstellungen, die grundsätzlichen gesellschaftlichen Neuschöpfungen entsprechen. In ihnen wird kein historischer Schritt, sondern ein Sprung sichtbar. Diese Vorstellungen ermöglichen und spiegeln ein gesellschaftliches Ereignis, das ich eine ‹Umstülpung› nenne. (…) Die phonetische Aufzeichnung der Rede vor 2500 Jahren und die Reduktion der Sprache zum Kommunikationsmittel heute halte ich für derartige Vorstellungen» [Schule ins Museum, 13]. In diesem Rahmen entfaltet Illich, die aktuelle Oralitäts- und Literalitäts-Forschung höchst anschaulich verarbeitend, die Auswirkungen der Erfindung des griechischen Alphabets und des lateinischen ABCs und beider Wirkungen auf das bislang mündlich geprägte Wissen und Gedächtnis. Er beschreibt die mittelalterliche Genesis des pergamentenen Kodex und des schriftlichen Wortbilds, die Genesis der stillen Lektüre, der Übertragung der vernakulären Idiome (wie des ‹Althochdeutschen›) in die lateinische Schrift sowie die Ausbreitung der schriftlichen Aufzeichnung ins Alltagsleben, und die Geltung des durchgliederten Buchs für das gelehrte Studium und die Wissensformung. Illich schließt mit den Sätzen [Schule ins Museum, 64]: «Die Welt liegt jetzt beschrieben und willkürlich zugänglich vor den Augen des Lesers. Nach Wunsch kann er in das Buch einsteigen, wohin der Index ihn verweist. (…) In den Miniaturen am Ende des 13. Jahrhunderts sitzen die Schüler mit dem Text des Lehrers vor dem Katheder, von dem aus er aus diesem Text liest. Sie sollen sich nicht mehr an den Klang seiner Worte erinnern, sondern an den Aufbau seiner Argumente, die sich in Bezug auf die Anordnung des Textes ins Gedächtnis einprägen sollen.»

Das bedrohte ‹Gemeine›, die besitzergreifende Schriftlichkeit und die Genese des Textes

Schon seit den späten 1970er Jahren beschäftigt sich Illich wiederholt mit der Sprache, den Sprechweisen, der Schrift, dem Gedächtnis. Er will verstehen, wie sich vernakuläre Sprechweisen verändern, sobald sie mit einer Sprache konfrontiert werden, die durch eine Institution unterrichtet und durch Grammatik und Wörterbuch verwaltet wird; wie Techniken (geistiges Handwerkszeug) in die Bereicherung oder Vereinfachung einer Sprache eingreifen; wie das Denken sich schließlich den «intelligenten Maschinen» anpasst, die sich künftig in unser Umfeld drängen. Wiederum wird er hier nicht «das» Buch über diese zusammengehörenden und komplementären Fragen schreiben, sondern Elemente einer Antwort vorlegen. Er tut dies nicht in verstreuter Form, sondern gebündelt in zwei erhellenden Büchern und verschiedenen Vorträgen. ABC*, das Denken lernt Schreiben*, ist das Resultat eines zwei Jahre währenden Gespräches mit Barry Sanders. Es umfasst sieben Kapitel, gerahmt durch ein Vor- und Nachwort, das Ganze bereichert durch eine kommentierte Bibliographie mit zweihundertfünfzig Titeln! Der Funke, der nicht die Bibliothek, sondern das Licht ihrer Gedanken entzündet, ist folgender: «Während wir bemüht waren zu verstehen, welche Folgen Pergament und Siegel, Tinte und Feder für die Weltsicht vor 800 Jahren hatten, entdeckten wir ein Paradox: die Fähigkeit, Lesen und Schreiben zu können, ist durch die moderne Erziehung ebenso bedroht wie durch die moderne Kommunikation» [ABC, 9]. Die Autoren befassen sich mit der alphabetischen Kultur lange vor dem Buchdruck: Nicht Gutenberg markiert eine kulturelle Wende, sondern die fortschreitende und wiederholte Ausarbeitung der Alphabete (und ihrer Schrifttechniken: Vokale, Konsonanten, Zwischenräume, Aufteilung des Textes in Paragraphen, Foliieren und Indices), ebenso die Entwicklung der Stellung des Schreibers, die zunehmende Rolle von Archiven religiöser und politischer Mächte etc.

All dies lässt sich mit dem englischen Wort *literacy* zusammenfassen. Dies entspricht in etwa dem altfranzösischen «lettrure», das aus den Wörterbüchern verschwunden ist, und erscheint im Deutschen als «Literalität», der Fähigkeit zu schreiben und zu lesen. Mit der Schreib- und Lesefähigkeit verändert sich das gesamte kulturelle Gewebe, das an Mündlichkeit gebunden war. «Die Zeilen der

Ilias bestehen nicht aus einer Folge von Wörtern. Diejenigen, die sie sangen, wurden vom Rhythmus der Lyra getragen» [ABC, 29]. Der Sänger-Rhapsode näht seine Improvisationen nach einem bekannten und memorierten «Muster» zusammen: «Die mündliche Weitergabe von Epen endet mit der Schrift, und damit verblasst beim Anbruch der Geschichte die Vorstellung vom Gedächtnis als der Göttin unsterblicher Erinnerung» [ABC, 32]. Durch die Schrift bricht ein ganzes Stück gemeinsamer Kultur weg, und der Raum wird frei für etwas Unvorstellbares: die Festsetzung des Augenblicks. Ein gesprochenes Wort, bereit wegzufliegen, ist mit Hilfe der Schrift wie erstarrt, eingeritzt auf das Pergament. Die Rohrfeder des Schreibers «registriert» das gesprochene Wort auf einem Tontäfelchen, das andere später lesen werden. Das ausgestreute, manchmal kommentierte und interpretierte Sprechen erscheint nun als lesbares, weil verschriftetes Wort. Man liest, was gesagt worden war. Die Autoren scheinen ratlos zu sein: «Jetzt ersetzt eine gesiegelte Urkunde den Gegenstand. Der Erbe wird nicht länger durch die Zeugen der letzten Worte eines Menschen auf dem Sterbebett bestimmt, sondern durch eine Urkunde. Das Dokument selbst wird ein beglaubigtes Zeugnis» [ABC, 50]. Die Folgen der verordneten Überlegenheit der Schrift über das Mündliche sind erheblich: Der Schwur verliert seinen Wert, ebenso das «gegebene Wort», «das Gesprochene verflüchtigt sich, das Geschriebene bleibt», durch Schrift sind die Klauseln einer Übereinkunft festzuhalten, das Testament muss aufgezeichnet (paraphiert) werden, die Unterschrift beglaubigt einen Wechsel, eine geschäftliche wie moralische Verpflichtung, die Unterschrift erfordert die Anerkennung des Namens, und der Name verschafft seinem Träger Identität.

Die Geschichte ist noch lange nicht zu Ende! Die Autoren erwähnen einen weiteren Meilenstein in der Geschichte der Sprache, den Illich bereits aufgezeigt hatte, und der «am 18. August 1492 gelegt wurde – genau fünfzehn Tage, nachdem Kolumbus die Segel gesetzt hatte – als ein Spanier namens Elio Antonio de Nebrija die erste Grammatik in einer modernen europäischen Sprache veröffentlichte, die Gramática Castellana, die einen Versuch darstellt, eine Landessprache auf grammatische Regeln festzulegen. Nebrija geht weiter als der karolingische Schreiber, der fränkische Zeugenaussagen in Latein niederschrieb. Er fordert, dass Spanisch zu einer Sprache geformt werde, die nicht gesprochen wird, sondern dazu dient, Rede aufzuzeichnen» [ABC, 77]. Man spürt bei der Lektüre dieses gelehrten Buches seitens der Autoren eine gewisse Traurigkeit, als ob die formalen Sprachen (insbesondere in der Informatik) die alphabetische Schrift fatalerweise erst unterordnen und dann auslöschen würden, wie diese es mit der Mündlichkeit getan hat.

Diese Sicht scheint mir übertrieben, denn die Geschichte wiederholt sich nur selten auf gleiche Weise. Gegenwärtig sind wir vielmehr Zeugen eines Nebeneinanders verschiedener Kulturen: der alphabetischen, der numerischen und der hybriden Kulturen. Es wäre verfrüht, darüber eine Meinung abzugeben, es gilt vielmehr, diese aus der Nähe zu untersuchen. Die Verluste sind sichtbarer als die Errungenschaften, und es ist leichter, diese mit Fug und Recht von woanders her aufzulisten und sich über sie zu beunruhigen. Lässt sich behaupten, dass die numerische Kultur endgültig jeden Nutzer formatiert, der so seinen kritischen Geist verliert, den Sinn für Nuancen, die Möglichkeit des Zögerns, die expressive Schönheit des Schweigens? «Im gleichen Maße wie das Wort – bemerken die Autoren – ist das Schweigen ein Geschöpf des Alphabets: die Pause zwischen Wort und Wort, das schweigende sich in den Text Versenken, das meditative Schweigen – all das sind Formen alphabetischen Schweigens» [ABC, 135]. Es ist richtig, dass das Wort «mot» auf Lateinisch *mu* heißt (was den mit dem Mund ausgestoßenen Laut onomatopoetisch nachahmt) und das im Französischen muet ergibt (von *mutus),* als ob es in sich zugleich Schweigen und Laut einschließen würde. Schließlich betonen die Verfasser eine wenig bekannte und dennoch entscheidende Wirkung: «Das Schweigen, das Schreiben gelernt hatte, führte die neue Einsamkeit des ‹Ichs› herbei und die Einsamkeit eines analytischen *Wir*» [ABC, 139]. Mit der Schrift und der Lektüre beweint sich das «Ich», *ist vorhanden*, kann sich als solches ausdrücken, ohne zum Beispiel weiter von einer Tradition abhängig zu sein. Ihm gegenüber hat es kein «Du» mehr, nämlich das «Du» des Dialogs, der heimlichen Übereinkunft, des gegenseitigen Beistands, der Zuneigung, die unerwartet viel später kommt. Stattdessen nur ein banalisiertes «Wir», beliebig, ohne Ethik (siehe auch: «Über die ökumenische Ver-Wirung» [Gemeinheit, 94–100]). Die Bejahung des Subjekts beobachtet Illich bei Hugo von St. Viktor, für den die Lektüre eines Textes die «Lebenskunst» stärkt. Wir schlagen vor, diese Weisheit zu entdecken.

Vom monastischen Lesen – Hugo von St. Viktor

Im Weinberg des Textes besitzt eine bemerkenswerte Einheit, trotz seiner geschichtlichen und theologischen Weitläufigkeit. Der Essay liest sich in einem Zug, so sehr sich auch das Denken des Autors darin logisch entfaltet. Die Kapitel folgen einer demonstrativ und argumentativ bemerkenswerten Abfolge, mit einer atemberaubenden Gelehrsamkeit (die 350 Anmerkungen sind von einer unglaublichen Genauigkeit) und ohne prätentiösen Jargon. Wie es seine Gewohnheit ist, kündigt Illich den Ton an: «Medien und Kommunikation, der Bildschirm haben die Buchseite und das Buchlesen verdrängt. Darum beschäftige ich mich hier mit dem Beginn der Bibliophilie, denn diese Epoche geht jetzt zu Ende. In der Kulturgeschichte des Buches gab es zu den Buchseiten viele Grundeinstellungen ihrer Benutzer. Mir scheint heute der Moment gekommen, den Frühformen dieses vom Buch bestimmten Lesens nachzuspüren, denn sie sind in Vergessenheit geraten» [Weinberg, 7]. Er beschließt, das Werk Hugo von St. Viktors (dem Ersten im Westen, der sich der *Kunst des Lesens* widmete) als aufschlussreich dafür zu nehmen, was sich damals bezüglich des Lesens und daher auch des Schreibens und des Studiums verändert. Das lateinische Wort für das Studieren, *studium*, wird laut Illich wirklich nur deutlich in seiner englischen Übersetzung, *study*, welches «Zuneigung» und «Freundschaft» widerspiegelt. Illich stürzt sich nun in eine Phänomenologie der Lektüre und stellt fest, dass «Lesen» bedeutet, einen Text «anzuschauen», indem man auf einer Seite spaziert, wie der Pilger eine Landschaft durchschreitet. Er erinnert uns, dass «schon Plinius das Wort *pagina*, Blatt, von *espalier* hergeleitet hat» [Weinberg, 58]. Die Seite ist daher ein Garten, in dem der Wanderer einen Strauß bindet. «Wenn Hugo liest, erntet er; er pflückt die Beeren von den Zeilen. (...) Für Hugo waren die Zeilen auf der Seite der Draht eines Spaliers, das die Weinreben stützt» [Weinberg, 58]. Die Seite ist kein geometrischer Raum, der durch die Ränder eines Buches abgegrenzt ist oder durch den Rahmen des Computerbildschirms, sondern eine Reise. Lesen heißt aufbrechen. «Für Hugo, der die lateinische Sprache benutzt, ist das Lesen eine Tätigkeit, die dem Sammeln von Brennholz nicht unähnlich ist: Seine Augen müssen die Buchstaben des Alphabets aufklauben und sie zu Silben bündeln» [Weinberg, 60]. Es ist ein körperliches Tun. Anders als bei der Rezitation eines homerischen Gedichts, das die Bewegung des ganzen Körpers mitreißt, die Muskeln spannt und eine beherrschte und gleichmäßige Atmung verlangt, setzt das Lesen einer Seite, die man memorieren möchte, den Körper vollständig in Gang, als ob man den gesprochenen Text während des Psalmodierens verschluckt und dabei eine heilsame Trance andeutet.

Marcel Jousse (1886–1961) hat die psychomotorischen Techniken untersucht, die Illich beschreibt [Weinberg, 62 ff]. Jousse ist Jesuit, beherrscht ebenso Aramäisch wie Hebräisch und entwirft eine «Anthropologie der Geste», nachdem er das Wiegen des Körpers, das die Rezitation von Gebeten begleitet, beobachtet hatte. Illich studiert dieses mnemonische Vorgehen, erfasst die Zweiseitigkeit des Körpers, und beschreibt die Gedächtniserziehung, die Schüler in der Betschule noch praktizieren. Anlässlich eines Vortrages in Toronto 1990 erläutert er seiner Zuhörerschaft, er studiere die Buchseite als «Abdruck des Gedächtnisses» [Mirror, 185]. Er bedauert, dass seine Studenten «nicht auf Pilgerschaft gehen, wenn sie ein Buch aufschlagen», und setzt dann fort: «Die Seite im Sinne von *pagus* – ein kultiviertes ‹Land›, übersät mit Feldern und Wohnstätten, die zum Spaziergehen einladen – ist für sie eine romantische Vorstellung oder ein Ausrutscher des Unbewussten, und nicht die andere Seite von Wirklichkeit, wie sie es für Hugo war» [Mirror, 189]. Dies bestärkt Ivan in der Empfindung, «mehr und mehr ein Mensch von Gestern zu sein, ein Fremder in der neuen Welt des heimatlosen Textes, der für seine Bearbeitung gespenstisch auf dem Bildschirm erscheint» [Mirror, 191]. Er lässt seine Zuhörerschaft an Hugos Originalität und seinen drei Arten des Lesens teilhaben («für meine Ohren, für die Ohren meiner Zuhörer, und das Lesen in stummer Kontemplation der Seite» [Mirror, 198]). Er bestaunt die Haltung Hugos, der zu einer schweigenden Lektüre einlädt, einer Lektüre für *sich*. *Im Weinberg des Textes* behandelt genau diesen langen Übergang vom lauten Lesen einer Seite als Reise, zur Registrierung einer standardisierten Seite als Information. Illich stimmt vielen Mediävisten zu, die das zwölfte Jahrhundert als erste Renaissance in der westlichen Welt betrachten (vor jener des *Quattrocento*): Dort taucht das Individuum auf, das für sich liest, seine Neugierde und seinen kritischen Sinn schärft und beim Lesen seine einzigartige Existenz zum Ausdruck bringt.

Mein Bruder, Hugo von St. Viktor

«Dann habe ich meine Suche fortgesetzt und fand mich im Mittelalter wieder. Ich bin in das Zwölfte Jahrhundert zurückgekehrt, das ich immer geliebt habe, zu Autoren wie Heloisa, Abaelard, Hugo von St. Viktor, all diese Menschen, mit denen ich in Zuneigung verbunden war» [Illich in Conversation, 121]. Der Autor von *Didascalicon. Die Kunst des Lesens* (um 1128) verzaubert Illich zweifellos, nicht nur weil er wieder an das schweigende Lesen anknüpft, das Augustinus praktiziert hatte, sondern weil er auch *De tribus maximis circumstantiis* verfasst hat, eine Art Gedächtniskunst, die das mnemonische Üben preist, und ein großes Werk, *De arca Noe*, in dem er zeigt, wie man eine Arche baut, in der jedes bauliche Element eine Erinnerung vergegenwärtigt.

«In Hugos Generation leben in St. Viktor einige sehr sensible Männer. Sie bilden eine Gemeinschaft, ein städtisches Kolleg, das sich in einem Vorort von Paris etabliert hat. Sie nehmen Teil am Leben und an vielen Bestrebungen eines aufsteigenden Bürgertums, das die Vorherrschaft des Feudalismus herausfordert. Im Gegensatz zu Bernhard, der in Clairvaux das Leben der Benediktiner auf sehr feudale Weise reformiert, entdeckt man in St. Viktor den antiken Bürgergeist wieder, der in der Regel des Heiligen Augustinus seinen Ausdruck gefunden hatte, und ‹entfeudalisiert› monastische Tradition. Das Kloster wird zur Metapher für das Sich-Versenken des Lesers in sein eigenes Inneres, während die soziale Abgrenzung und die körperliche Distanz zwischen Städtern und Kanonikern schwinden» [Weinberg, 85].

«Wenn meine Studenten ein Buch aufschlagen, gehen sie nicht auf Pilgerschaft. (...) Wenn ich zu ihnen vom Gedächtnis spreche, sagen sie mir, dass das eine Sache des Auswendiglernens und der Megabites ist, oder von Archetypen und Träumen. (...) Was Hugos Welt von unserer trennt, ist nicht nur die Gesamtheit unvergleichbarer Metaphern, sondern der gegensätzliche Charakter unserer mentalen Topologien» (*Mnemosyne. The Mold of Memory*, [Mirror, 189]).

Ist Sehen Blicken?

Wiederholt haben wir Texte aus *In the Mirror of the Past* herangezogen, die Illichs frühere Äußerungen zu Schule, Gesundheit, Wasser, Lektüre, Schweigen etc. vervollständigten, präzisierten und hinter sich ließen. Wir müssen *La Perte des sens* [2004] (Der Verlust der Sinne) einen besonderen Platz einräumen, dessen Originalität und Neuheit in den Arbeiten über Illich nicht genügend gewürdigt wurden. Was findet sich dort? Die Quintessenz seines Denkens: «Ich plädiere, schreibt er im Vorwort, für eine Erneuerung asketischer Praktiken, damit unsere Sinne in den durch die ‹Show› verwüsteten Welten, inmitten überwältigender Informationen, lebenslänglicher Beratung, Intensivdiagnostik, therapeutischem Management, Invasion von Beratern, Terminalpflege, Geschwindigkeit, die einem den Atem raubt lebendig bleiben» [Perte, 7]. Die siebzehn unterschiedlichen Kapitel beinhalten eine ‹Geschichte der Bedürfnisse›, ‹Auto-Stop›, ‹Gastfreundschaft›, sie thematisieren den ‹Schmerz›, den erwünschten Tod, medizinische Behandlung und enthalten seine Hommage an Jacques Ellul (siehe Paquot [2012]) etc. Illichs Standpunkt steht jedes Mal im Gegensatz zu dem auf dem jeweiligen Gebiet vorherrschenden Denken und fordert den Leser heraus. *Der Lautsprecher auf dem Glockenturm und dem Minarett* [Perte, 121–144] fasst Studien zur Beschallung und zur Lautverschmutzung zusammen, welche die «natürlichen Geräusche» derart zu stören beginnen, dass sie diejenigen verunsichern, die sich durch diese zu orientieren wussten. Die christliche Glocke war einer der ersten Versuche, ein Terrain durch den Ton zu beherrschen, sie bringt tatsächlich die Stimme des Herrn zum Ausdruck. Der Islam steht dem in nichts nach: Man datiert um 903 das erste Minarett, von dessen Spitze der *muezzin* – wörtlich «derjenige, der zu hören anstößt» – dieser Religion eine *topogenische* Macht verleiht. Mit dem Lautsprecher überschwemmt eine Stimme ohne Eigenschaft einen Raum ohne Ort.

Ein anderes Beispiel ist die Proportionalität ([Perte, 233–256] (die englische Fassung dieses mit Matthias Rieger verfassten Aufsatzes lautet *The Wisdom of Leopold Kohr* und ist im Literaturverzeichnis unter [Perte] auffindbar; das Deutsche Original *Die Weisheit des Leopold Kohr* ist in der Stiftung Convivial einsehbar), ein wesentliches Thema in Illichs letzten Arbeiten. Worum handelt es sich? Bereits in den 1950er Jahren, anlässlich seiner häufigen Besuche bei Leopold Kohr in Puerto Rico, entdeckt Illich die Bedeutsamkeit von Proportionalität. Im Deutschen gibt es zwei Ausdrücke für «Proportionalität»: «Verhältnismäßigkeit» und «Angemessenheit». Dies erlaubt Illich, die Thesen Leopold Kohrs gut einzuordnen, er schreibt: «Das Fahrrad ist das ideal geeignete Fortbewegungsmittel für jemanden, der in einem Ort wie Oberndorf wohnt (Geburtsort von Kohr)» [Perte, 237]. Leopold Kohr hat E. F. Schumacher (1911–1977) beeinflusst, der es verstand, seine Vorstellung in die griffige Formulierung «*Small is beautiful*» zu packen, oder, um es anders zu sagen: Wohlstand verlangt kein «immer mehr»! Illichs Ehrung für Leopold Kohr (1909–1994, Alternativnobelpreisträger 1983) ist ein Vorwand, den *tonos* der Griechen (das «rechte Maß») zu besprechen, ebenso Alberti und seine Vorstellung von «Proportion» sowie den Sinn des Tätigkeitswortes «temperieren» in der Medizin wie in der Musik im 18. Jahrhundert. Danach denunziert er das «zu groß» in der Architektur, das «zu viel» Produzierte in der Ökonomie, das «zu sehr» Sättigende in der Ernährung etc. «Dieser Schwund der Proportionalität verweist auf die historische Einmaligkeit der Moderne, ihre Unvergleichlichkeit» [Flüsse, 162]. Wie soll man nicht mit ihm einverstanden sein, wenn man sieht, dass immer höhere und immer weniger bewohnbare Türme errichtet werden?

La perte des sens enthält zwei außerordentliche Texte: *Die Askese des Blicks im Zeitalter der* SHOW – *Interface* (deutsche Fassung in [Askese des Blicks, 1995]) und (mit Barbara Duden): *Die skopische Vergangenheit Europas und die Ethik der Opsis. Plädoyer für eine Geschichte des Blickes und des Blickens* (deutsche Fassung in [Skopische Vergangenheit, 1995]). Seit Ende der 1980er Jahre widmet er sich mit seinen «Schülern» und Mitarbeitern in seinen Seminaren dem Studium des Blickens. «Ich will den Unterschied zwischen einem ehemaligen und einem zeitgenössischen Blick herausarbeiten, zwischen dem Blick, der mit dem Bild verbunden ist, und jenem Blick, der im Interface der ‹show› aufgesogen ist» [Askese des Blicks, 195]. Von nun an ist es das Auge, das am meisten beansprucht wird. Fortwährend wird es trainiert zu erfassen, was auf dem Bildschirm des Computers erscheint; es erfasst mit unglaublicher Geschwindigkeit ein *icon,* und klickt mit der Maus zum nächsten Bild. «Das moderne Training der Augen stutzt den Blick zurück auf eine Art der Registrierung oder Rasterung» [Askese des Blicks, 208]. Gleichzeitig ist in den meisten europäischen Sprachen der Reichtum des Wortschatzes, der mit Redensarten und sensorischen Wahrnehmungen verknüpft war, fortlaufend geschrumpft: von 158 deutschen Wörtern, die zu Zeiten Dürers den Geruchssinn betrafen, sind nur noch dreißig in Gebrauch. Ebenso verhält es sich mit dem Tastsinn und dem Sehen.

Visiotype und Plastikwörter

Uwe Pörksen (geboren 1935), Mediävist und Sprachwissenschaftler, Professor an der Universität Freiburg, veröffentlicht eine Analyse der «Infographik» und der graphischen Veranschaulichungsmittel: *Weltmarkt der Bilder: Eine Philosophie der Visiotype* [1997]. Darin untersucht er jene graphischen Veranschaulichungsmittel, die wachsend die Medien besetzen, und in denen komplexe wissenschaftliche, statistische oder numerische Zusammenhänge handlich werden und die Aussage ersetzen: Kurven des Bevölkerungswachstums in Indien, der Entwicklung des Bruttosozialprodukts in der BRD, der Börsenbewegung in New York oder aus den «Lebenswissenschaften». «Jedes Mal», so Illich, «wenn man eine Visiotype betrachtet, infiziert man sich mit der Virtualität, die sie mit sich bringt. Und wenn ich mir die Körpergeschichte ansehe, und besonders die Visualisierung des Inhalts der schwangeren Gebärmutter, würde ich auch sagen, dass sich das Auftauchen solcher Räume im 19. Jahrhundert dreißig bis vierzig Jahre früher (als in den 1970er Jahren, AdÜ) feststellen lässt» [Flüsse, 186]. Die sinnes- und wahrnehmungsfeindliche Wirkung solcher Visiotype hat er vielfach mit Barbara Duden untersucht [Schriften Bremen I–III; Life as Idol; Duden, 1991].

Die andere Seite der Sinnesgeschichte ist bei Illich die Untersuchung der Sprechweisen. Das Buch über Visiotype ist tatsächlich die Fortsetzung von Gesprächen, die Pörksen mit Illich am Berliner Wissenschaftskolleg geführt hatte und aus denen bereits ein Buch hervorgegangen war: *Plastikwörter. Die Sprache einer internationalen Diktatur* [1988]. Das Buch erscheint unter dem Titel *Plastic words. The Tyranny of a Modular Language* in der Übersetzung von Jutta Mason und David Cayley, einem Freund von Illich, Journalist beim Rundfunk in Toronto. Hier geht es um das Eindringen einer Expertensprache in alltägliche Sprechweisen und um deren Wirkmacht.

Pörksen berichtet, dass sich auf einer Tagung in der kleinen mexikanischen Bergstadt Tepotzlan Industrielle, Politiker und Professoren trafen, «um darüber zu sprechen, wie man Mexiko an den jüngsten Zug der High Technology anschließen könne» [Pörksen, 1988, 14]. Ihm fiel auf, dass die Tagung mit etwa fünfzehn Wörtern bestritten wurde, die in fast allen Sprachen gleich lauten: «Modernisierung», «Information», «Krise», «Kommunikation» etc. Plastikwörter sind Ordnungsvorstellungen und Bewegungsbegriffe mit vorherrschendem Zukunftsdruck: «der Beiklang des Wortes ist ein Imperativ» [ebd., 37]. Es sind Abstrakta, die durch angeheizten Gebrauch ein seriöses Aussehen und eine normierende Ausstrahlung gewinnen, z. B. «Sexualität». Diese «Sache» gilt als wissenschaftlich gesichertes und universelles Bedürfnis unter Prostituierten, Managern, burkatragenden Frauen und madagassischen Halbaffen. Die Macht von Plastikwörtern ist ihre Allgemeinheit: «Kommunikation» vereinheitlicht den Schwatz auf dem Marktplatz eines französischen Bergdorfs und die Powerpoint-Präsentation eines Unternehmensberaters. Auf der Grundlage der bestehenden Ökonomie und Technik haben sie das Zeug, zu Leitplanken der Politik und Werkzeugen der Globalisierung zu werden. Pörksens Buch fällt in die Hochphase von «Entwicklung» – ebenfalls ein Plastikwort –, es ist eine sprachwissenschaftliche Untersuchung der Sprache der Expertenzunft und ihrer symbolischen Wirkmacht. Anhand eines Kataloges von 30 Kriterien klassifiziert er, was unter einem Plastikwort zu verstehen ist: «dem Sprecher fehlt die Definitionsmacht», «es verliert sich ins Imaginäre», «es bildet eine unmerkliche Klammer zwischen Wissenschaft und Alltagswelt», «es ist ausgebettet aus der Geschichte», «erzeugt Bedürfnisse und Uniformität» etc. [Pörksen, 1988, 36–38]. Für Illich liegen Plastikwörter «außerhalb der Reichweite persönlichen Wissens. Sie schließen mich ein, aber ich kann sie nicht in das einschließen, was ich tatsächlich weiß» [Flüsse, 186], ein Charakteristikum für die von der Systemtheorie bestimmten Denkformen. Vor allem aber bezeichnen Plastikwörter kaum noch etwas – wie es nach ihrer Formalisierung mit den Begriffen in der Mathematik eines Alan Turing geschehen ist –, sie sind arm an Denotation, aber haben einen riesigen Anwendungsbereich. «Die von der Systemtheorie bestimmten Denkformen haben die Möglichkeit der Suche nach Wahrheit, Wirklichkeit und Ethik untergraben», so Illich, «das Spiel mit Beliebigem ist zur Haupt-Sache geworden – in der postmodernen Literaturwissenschaft wie in der Informatik oder Journalistik. Eine Denkweise, die zur Zeit von Alan Turing lanciert wurde, hat sich heute in Pennrose oder Luhmann so durchgesetzt, dass ‹Wissenschaft› zu einem Wortbrocken geworden ist, der von Konnotaten derart strotzt, dass man mit ihm nichts mehr treffend bezeichnen kann. Zunehmend wird ‹Wissenschaft› im Sinne von Uwe Pörksen als Plastikwort verwendet: amoebenhaft glitschig und wie ein Lego-Bestandteil vielseitig, kann man mit seinem Einsatz nichts mehr neu-formen, d.h. reformieren. Es dient bestenfalls noch, um Anträge auf Unterstützung zu formulieren» [Text und Universität].

«Sehen» bedeutet nicht mehr «Blicken», «Beobachten», «Anschauen», «Bestaunen», sondern «Visualisieren». Daher die Wichtigkeit, die den Apparaten zugeschrieben wird, die sehen «lassen», wie der medizinische Scanner, die Infographik und die synthetischen Bilder. Illich schlägt vor, von «Show» zu sprechen, wenn das Bild in keinster Weise von der Vorstellungskraft hervorgebracht wird, sondern durch einen Transcodierer oder ein Programm, das das «Interface» zwischen Systemen erleichtert. Um die Geschichte des Blickens in der westlichen Welt zu verdeutlichen, schlägt Illich vier skopische Regime (oder «okulare Ordnungen») vor: das antike Regime, wo der Sehstrahl aus den Augen ausstrahlt wie ein «transokulares Organ»; das scholastische Regime mit einem tätigen Blicken ohne Bild, ein «transzendentes Schauen»; seit Beginn der

Renaissance die «Vereinigung von Bild und Blick» (das Auge ist eine Dunkelkammer, die «fotografiert»); und von 1800 an das vierte Regime der «visuellen Kommunikation». Illich erklärt, was er darunter versteht: «Die Isometrie wird jetzt bestimmender als die Perspektive. Es ist eine Epoche grenzenloser Horizonte und der Aussichten ohne Standpunkt, die wir das Zeitalter der Diagrammatik nennen könnten, das Zeitalter des hermeneutischen Sehens und nicht mehr der exegetischen Betrachtung. Ich ziehe es vor, vom Zeitalter der ‹Show› zu sprechen, in dem das Auge vom Interface abhängiger wird als von der Einbildung» [Askese des Blicks, 211]. Er vergegenwärtigt dann in großen Zügen die Abfolge dieser vier Epochen und will begreiflich machen, dass sie nicht aufeinander folgen, sondern sich ineinander fügen, sich überlappen und nebeneinander bestehen [Askese des Blicks, 211–222]: «In der Antike war das Auge der Prüfstein für die Wahrheit gewesen. Im Mittelalter war es ausgestattet mit der Kraft, universale Essenz aus flüchtigen Formen zu gewinnen. Seit der Renaissance war es zum Modell geworden, um Bilder zu machen und zu interpretieren. Jetzt wird es zum Mittel, mit dem man die ‹show› liest.» Illich bemüht sich, die Geschichte der Optik (von Ptolemäus bis zu unserer Zeit) mit der Geschichte der Darstellungsweisen und der Geschichte der Techniken zu verknüpfen und erweitert sie mit philosophischen Theorien, die diese Veränderungen und Erfindungen diskutieren. Er bemerkt: «Neue optische Techniken wurden eingesetzt, die das Bild von Wirklichkeit aus jenem Raum entfernen, in dem es die Finger tasten, die Nase riechen und die Zunge schmecken kann, um es in einem neuen ‹objektiven› isometrischen Raum zu zeigen, in den kein fühlendes Wesen eintreten kann. Wir sind bedroht vom Anbruch einer Epoche, die die ‹Show› für ein Abbild der Wirklichkeit nimmt» [Askese des Blicks, 222]. Hier lässt er einfließen, was er bereits woanders untersucht hat (vor allem in *Selbstbegrenzung* und in seiner Trilogie über die Arbeit und Genus): den Begriff der «Instrumentalität», den er auf das zwölfte Jahrhundert zurückführt und als Fundament gegenwärtiger Technik begreift. Daher seine Überzeugung: «Die Distalität zwischen Hand (Organ) und Instrument ist zur notwendigen Voraussetzung asketischer Praxis geworden» ([Perte, 280], siehe auch [Robert, 2014]). Es ist nicht mehr das Organ (das schauende, lugende, betrachtende, tastende, blickende Auge, AdÜ), das bewegt ist und als Referenz dient, sondern es ist seine Instrumentalisierung, die von anderen technologischen Innovationen wie etwa der Eisenbahn abhängt, die den Blick dazu zwingt, panoramahaft und in Bewegung zu sein, und somit das Kino vorwegnimmt. Desgleichen verlernt das Auge durch die Massenproduktion identischer Gegenstände, deren ununterscheidbar gewordene Besonderheiten zu erkennen; oder die Reproduktion von Kunstwerken mit verschiedenen technischen Verfahren erlaubt es, darin eine Schöpfung unabhängig vom Original zu sehen.

Die beiden Aufsätze sind programmatisch, sie kündigen ambitionierte und transdisziplinäre Untersuchungen zur sensorischen Wahrnehmung des Blickens an. Sie werden in höchstem Maße für diejenigen interessant sein, die mit Repräsentationen arbeiten (in der Fotografie, im Kino, im Video) oder über Wahrnehmung (Traktate der Optik, Neurobiologie, Hirnforschung) und über das Blicken. Zum Thema des Blickens zitiert Illich einen Freund, den Philosophen Emmanuel Levinas (1906–1995): «Für Levinas steht das Gesicht des Anderen im Mittelpunkt seiner Werke. (...) Jenes Gesicht meines Gegenübers, das mein Auge berührt, ja streichelt (caresse), das zu mir spricht und durch dieses Betasten mir Sinn, ja Subjektivität ermöglicht. (...) Das Gesicht in seiner Zartheit und gleichzeitig seiner Undurchsichtigkeit spricht mich durchwegs ethisch an» [Skopische Vergangenheit, 221] (siehe auch *De oculo morali* [Duden, 2007]). Hier können wir die Bedeutsamkeit dieser Aufsätze ermessen und hoffen, dass sie in dem Augenblick zum Innehalten anregen, in dem das technische Aufgebot uns mehr überwältigt, als dass es Fragen zulässt.

Conclusio: Was dürfen wir hoffen?

Im Gegensatz zur Mehrheit der «engagierten» Intellektuellen der 1970er–1980er Jahre ist Ivan Illich kein «Marxist», und die Radikalität seines Denkens gründet vermutlich in einem vermischten Humus. Seine Kritik der Institutionen, des technischen Fortschritts, des herrschenden Denkstils wurde zwar von einem Teil der extremen Linken und vielen Umweltschützern aufgegriffen, aber er wird dadurch noch lange nicht zu einem Theoretiker der Revolution oder zum «grünen Propheten». Er distanziert sich von der Kirche, flüchtet sich aber nicht in den Schoß irgendeiner Sekte. Er bejaht die Autonomie des Individuums und schätzt die Wahl eines Lebens jenseits von Politik, zumindest wie er herkömmlich von der Rechten bis zur Linken in Frankreich verstanden wird.

Illich ist der Autor eines meisterhaften Werkes, das im Laufe der Zeit seltsamerweise ungleich geschätzt und aufgenommen wurde. Seine Texte schreiben sich in ein *denkendes Denken* ein, das sich auf den vorhergehenden Text stützt, um den nachfolgenden zu entwerfen, und das so dem Ganzen eine unbestreitbare konzeptuelle Einheit verleiht. Im Übrigen ist man erstaunt, seit Beginn seiner allerersten Aufsätze auf Begriffe und Autoren zu stoßen, auf die er sich später berufen wird. Nichtsdestotrotz können wir in seiner theoretischen Arbeit zwei Perioden unterscheiden. Die erste, von 1951 bis 1980, in der er bemüht ist, die Mechanismen der Dienstleistungsinstitutionen zu entschlüsseln (Kirche, Schule, Krankenhaus, Transportwesen …) und (in Zusammenarbeit mit Jean-Pierre Dupuy) eine Radikalkritik der Industriegesellschaft zu stiften, indem er die Kontraproduktivität anprangert. Jede dieser Institutionen wird «kontraproduktiv», wenn sie sich zu sehr entwickelt: Jenseits einer bestimmten Schwelle erzeugt sie den umgekehrten Effekt ihrer Bestimmung – die Schule verlernt das Lernen, das Krankenhaus macht krank, das Transportwesen verlangsamt etc. Diese Zweckwidrigkeit bezeugt das Ende des «Zeitalters der Werkzeuge», das im zwölften Jahrhundert begonnen hat (zu diesem Thema ist Jean Robert eine ausgezeichnete Adresse, z. B. [Robert, 2014]). Diese sind so sehr in die Gesellschaft eingedrungen, dass jeder vollständig von ihnen abhängig wird und seine Autonomie verliert. Daher die Idee, die Gesellschaft «von Werkzeugen abzurüsten» (der englische Titel seines Essays *Selbstbegrenzung* ist *Retooling Society* und im Amerikanischen *Tools for conviviality*), und den Gebrauch konvivialer Werkzeuge zu begünstigen, die handhabbar sind, und die jeder reparieren kann [Borremans, 1979]. Die zweite Periode, ungefähr von 1980 bis zu seinem Tod 2002, ist auf das Studium der symbolischen Wirkung dieser Institutionen gerichtet, wohl wissend, dass sich der technisch-ökonomische Kontext geändert hat und man sich künftig im «Zeitalter der Systeme» befindet. Dieses beschneidet die Autonomie des Individuums noch mehr und verurteilt es, simultan Benutzer einer Technik und konstitutives Element des Systems zu sein, das diese Technik hervorbringt. Die neuen Informations- und Telekommunikationstechnologien drängen zum Beispiel jedem eine «Kultur der Informatik» auf, welche die ältere «Kultur des Alphabets» untergräbt (die sich dennoch behauptet), was Illich in seinem Kommentar zur *Kunst des Lesens* bei Hugo von St. Viktor aufzeigt. Ein anderes Beispiel ist die Kultur des Vorrangs des Sehsinnes, welche die Verbreitung von Bildschirmen möglich macht, und diese vermehren die Abhängigkeit eines jeden von technischen Prothesen.

Illich ist primär ein Intellektueller, ein Forscher und Lehrer, der enorm viel liest und die unterschiedlichen Gesichtspunkte und Kenntnisse zu einem Thema miteinander konfrontiert, um seine Analysen auszuarbeiten und seine Überzeugungen klarzustellen.

Mit Begeisterung wirft er sich in eine gewaltige Literatursammlung, in der sich gelehrtes Schrifttum aller Disziplinen mischt, «graue» oder technische Literatur, und er informiert sich bei hervorragenden Spezialisten, wie der Leser bemerken kann, wenn er die Fußnoten oder die kommentierten Bibliographien seiner «Pamphlete» befragt. Das verleiht ihnen einen kämpferischen, rebellischen und programmatischen Ton, der ihnen eine große Verbreitung bei der politisierten Öffentlichkeit verschafft. Diese fordert nicht nur, die Mängel einer Institution und die Dysfunktion von Dienstleistungen anzuprangern, sondern will auch wissen, wie man einen Gegenvorschlag befördert, um eine Alternative aufzustellen. Diese politisierte Öffentlichkeit (Gewerkschafter, militante Gruppen, Umweltschützer etc.) wird durch den späteren, gelehrteren, konzeptuellen Illich verunsichert werden, der es ablehnt, Gegenaktionen zu entwerfen, obwohl seine philosophische Suche nach einer größeren Autonomie des Individuums nach wie vor seine Abstecher in neue Gebiete leitet.

Jenseits von Politik

Als Denker, so David Cayley, lässt sich Ivan Illich unmöglich in herkömmliche Kategorien einordnen. Er ist weder ein Mann der Rechten noch der Linken, ebenso wenig ein Romantiker wie ein Konservativer noch traditionsgebunden oder postmodern. Man könnte ihn als Anarchisten bezeichnen, aber nur insofern er überzeugt ist, dass die Ablehnung von Macht das Herzstück des Evangeliums ist, und nicht, weil er den politischen Prinzipien des Anarchismus zustimmt [Illich in Conversation, 54]. Im Laufe der Gespräche mit Cayley schildert Illich ohne Umschweife seine Haltung. Man kann nur erstaunt sein, dass er Klassifizierungen wie diesen niemals zustimmt: einerseits «die Rechte», andererseits «die Linke»; «die Konservativen» und «die Fortschrittlichen»; «die Demokraten» und «die Republikaner». Er ist in der Tat weder rechts noch links, ohne deshalb an eine in den 1930er Jahren entstandene, nicht-konformistische französische Strömung anzuknüpfen («weder Washington noch Moskau») oder sich den schärfsten Kritikern der politischen Parteien anzuschließen, den Antiparteien. Eigentlich wird Illich *jenseits* von Politik lokalisiert. Seine Weltsicht begnügt sich nicht mit dem herkömmlichen politischen Spektrum. Er bricht nicht nur mit dieser Ideologie, sondern erfindet eine andere Art, Politik zu *machen,* ausgehend von einer anderen Art, sie zu *denken*. Daraus folgt, dass eine Anzahl seiner Leser und Bewunderer ratlos ist, wenn es ihnen nicht gelingt, diese Positionierung zu benennen, eine Geistesströmung mit «Ismen» zu versehen, die sie gerne beanspruchen würden.

«Ich versuche nicht, *gegen* die Kirche zu sprechen,» erklärt er David Cayley, «ich versuche, dieses grundsätzliche Problem aufzuwerfen: was bedeutet Kirche mit dieser Tradition in der heutigen Welt? Deshalb versuche ich, meinen Studenten verständlich zu machen, dass die meisten Schlüsselideen, die aus der gegenwärtigen Welt diese einzigartige Wirklichkeit machen, christlichen Ursprungs sind» [Illich in Conversation, 103]. Ausgehend von seiner Kritik der Kirche und der Theologien, die sie verbreitet, unternimmt Illich beispielsweise seine Analyse der Bedürfnisse oder der schweigenden Lektüre. Immer bezieht er Stellung ausgehend von den Ergebnissen einer kritischen Studie und nicht umgekehrt, wie es allzu oft Politiker und Politikerinnen tun. Auch rät er nicht im Namen einer bestehenden politischen Richtung («reformistisch» «kooperativ», «revolutionär», «feministisch», «umweltfreundlich»,…) zu einer Aktion, sondern er trägt zur Ausarbeitung einer provisorischen, unfertigen, reversiblen Alternative bei, aber nur, nachdem er eine Situation geprüft hat. Illich bemerkt, dass «die Verwandlung des Guten in Werte, des Engagements in Entscheidung, des Fragens in ein Problem, eine Wahrnehmung widerspiegelt, die uns sagt, dass unsere Gedanken, unsere Ideen und unsere Zeit zu ‹Ressourcen› geworden sind, zu knappen Mitteln, die für zwei oder mehrere mögliche Ziele benutzt werden können» [Illich in Conversation, 159]. Diese Einsicht führt ihn dazu, vorrangig die Verwandlungen aufzuzeigen, die das Denken in Mitleidenschaft ziehen – bevor er sie mit der als «Lebenskunst» verstandenen Philosophie verknüpft. Hier verzweifelt Illich nicht völlig: «Ich vermute sehr, dass es möglich ist, eine Lebenskunst in der Jetzt-Zeit zurückzugewinnen. Ich glaube an die Kunst zu leiden, an die Kunst zu sterben, an die Kunst zu leben, und, wenn es in einer nüchternen und hellsichtigen Weise passiert, glaube ich an die Kunst des Vergnügens – die Kunst, ein frohes Leben zu führen» [Illich in Conversation, 189]. Später präzisiert er: «Die einzige Hoffnung – für das Leben, das ich suche – beruht auf der Ablehnung von Sentimentalität und der Offenheit für Überraschung» [Illich in Conversation, 190]. Er sehnt sich nach keiner Revolution, die von einer sozialen Bewegung getragen wird, auch wenn er die marxistische Analyse des Klassenkampfes nicht gänzlich ablehnt. Im Gegensatz zu militanten politischen Kämpfern bedenkt er: «wir sind radikal ohnmächtig. Wir sprechen miteinander, weil wir versuchen, Wege herauszufinden, um unsere aufkeimenden Freundschaften auf Andere auszuweiten, die mit uns die Erfahrung ihrer eigenen Ohnmacht und unserer gemeinsamen Ohnmacht genießen können» [Illich in Conversation, 282]. Deshalb kommt er auch dazu, manches naive Treiben von Umweltschützern zu belächeln: «Die Leute, die von Gaia und globaler Verantwortung sprechen, und annehmen, dass irgendein phantastisches ‹wir› etwas dafür ‹tun› sollte, tanzen einen irren Tanz, der sie verrückt macht» [Illich in Conversation, 282]. Noch grundlegender misstraut er dem Begriff der «Verantwortung». Für ihn ist «Verantwortung» ein «seltsamer Typus von Ethik, der mit dem Glauben verbunden ist, wir könnten die Dinge beeinflussen, für die ich verantwortlich bin» [Illich in Conversation, 283]. Das ist «eine Illusion» bekräftigt er später und erwähnt Hans Jonas, dem er nicht folgen möchte. Ebenso denunziert er die Verantwortung künftigen Generationen gegenüber, er will für sich und für seine Zeit verantwortlich sein und hat in keinster Weise vor, sich in die Wahl künftiger Generationen einzumischen. Was also tun? Seinen Überzeugungen gemäß leben, eine asketische Lebensweise annehmen: «Deshalb sage ich, lasst uns lebendig sein und feiern wir – feiern wir wirklich! Genießen wir bewusst, rituell und offen die Erlaubnis, in diesem Augenblick lebendig zu sein, mit all unseren Schmerzen, mit all unserem Unglück. Das scheint mir das beste Gegengift für Verzweiflung oder Religiosität zu sein. Religiosität von der allerschlimmsten Art» [Illich in Conversation, 284].

Die Rezeption von Illich in Frankreich

Der aktivistische und petitionsgewohnte Leser ist verwirrt und will wissen, ob Illich trotzdem links ist. Ja oder nein? Er nimmt alle seine Bücher zur Hand und verfertigt einen Index von geeigneten Namen, um revolutionäre Persönlichkeiten zusammenzustellen. Hier überkommt ihn ein befriedigtes Lächeln. Illich erwähnt in seinen «Pamphleten» sowohl Karl Marx als auch Friedrich Engels (in Rom hat er Gustave Wetter, den bemerkenswerten Kenner des historischen und dialektischen Materialismus, getroffen, er hat in Folge auch, gleichzeitig zu Marx, die Schriften von Jean-Yves Calvez und Henri Desroche gelesen) und andere Revolutionäre des neunzehnten Jahrhunderts (Fourier, Bakunin, Kropotkin, Reclus etc.), wie er auch die chinesischen Barfußärzte erwähnt und in dieser Epoche die verheerende Wirklichkeit der Kulturrevolution unterschätzt. Gleichfalls bezieht er sich auf zahlreiche Arbeiten von Marxisten aller Richtungen (hauptsächlich aus der angelsächsischen Welt wie Herbert Gintis, Harry Braverman oder auch Paul Sweezy, ohne je Henry Lefebvre zu nennen) über die industrielle Arbeit, die Ökonomie der Freizeit, die Gesundheitsausgaben, die soziale Reproduktion, welche die Schule begünstigt etc. Illich beherrscht perfekt mehrere Sprachen (auch wenn er das Deutsche mit dem größten Vergnügen praktiziert) und verwendet zahllose Berichte, Artikel, Denkschriften oder wissenschaftliche Dokumente. Das gilt auch für die Essays. Da er eine solide Universitätsausbildung erhalten hat, kennt er auch die «Klassiker» der verschiedenen Human- und Sozialwissenschaften, ohne die Theologie, die Philosophie und die Dichtung zu vergessen (Paul Celan, Vincente Huidobro, Konstantin Kavafis …). Sein enzyklopädisches Wissen und seine vielfache Neugierde führen ihn dazu, sich über die Gegenkultur, die Alternativbewegungen, die anti-kapitalistischen Experimente wie die Selbstverwaltung etc. zu informieren. Auch wird er seinerseits von der Dritte-Welt-Bewegung und den Umweltschützern in Anspruch genommen, deren Haupttheoretiker und politische Köpfe zu Beginn der 1970er Jahre nach Cuernavaca kommen.

Was Frankreich betrifft, sind die Intellektuellen, die sein Zentrum in Mexiko häufig aufsuchen, hauptsächlich mit der Zeitschrift *Esprit* verbunden, die damals von Jean-Marie Domenach (1922–1997) herausgegeben wurde und mit dem Verlag Le Seuil verknüpft war. Am 19. September 1961 schreibt Paul Flamand, der Direktor und Mitbegründer des Verlags, an Monsignore Ivan Illich und teilt ihm mit, er stehe «wo auch immer» zu seiner Verfügung [Tabet, 2012]. Bei Le Seuil gibt es ein wirkliches Interesse für diesen ungewöhnlichen Priester, und es ist kaum erstaunlich, dass *Esprit* die Förderung dieses «Agitators von Ideen» übernimmt. In *Esprit* erscheint *Das Verschwinden des Priesters* im Oktober 1967 als erste Übersetzung von Illich ins Französische. Im Dossier *Avancer avec Illich* erinnern Jean-Marie Domenach und Paul Thibaud [1973] daran, dass sich die «Kritik des Produktivismus» bereits unter der Feder des Gründers von *Esprit,* Emmanuel Mounier, findet, und dass Illich sie auf Institutionen ausweitet. Sie formulieren drei Vorbehalte: Was bedeuten die «natürlichen Dimensionen des Menschen», die Illich nicht weiter ausführt? Reicht die Verurteilung einer Technik aus, damit ihr Benutzer sich von ihr zu befreien beginnt? Kann sein vom Evangelium eingefärbter Idealismus eine

Politik der Befreiung befördern? Sie pflichten Illichs Schlussfolgerungen bei und schreiben: «So wichtig diese Einwände für uns sind, obsiegen sie nicht gegen eine wesentliche Tatsache: wir nähern uns dem Rückkehrpunkt. Die Sehnsüchte, die von der Konsumgesellschaft geweckt werden, sträuben sich gegen das Ersticken des Lebens und die monströse Verlängerung der ‹Fortschritts-Kurven›. ‹Selbstverwaltung› oder ‹das Leben ändern›, solche Parolen zeigen den Wandel der Bedürfnisse und die Erneuerung von Hoffnung, die die europäischen Avantgarden der Arbeiter und Intellektuellen bewegen. Es bleibt noch etwas Zeit (zwei, drei Jahre?), um zu verhindern, dass uns die Krisen, die im Gang sind, überrumpeln, und um die Idee der Umkehr über die der Fortsetzung siegen zu lassen, und um schließlich, das Industriesystem in Richtung einer konvivialen Gesellschaft zu lenken.» Fast vierzig Jahre später müssen wir dieselbe Beschwerde vorbringen.

Eine Weltgeschichte

Man müsste eine Rezeptionsgeschichte von Illichs Thesen machen, die auf weitere Gelegenheiten und insbesondere Personen hinweisen würde. Das Literaturverzeichnis am Ende des Buches nennt die wichtigsten Arbeiten, die auf Englisch und Französisch erhältlich sind, und verweist auf einige deutsche und italienische Zugänge. Es gibt weitere Texte auf Spanisch, Portugiesisch, Japanisch, die besprochen werden müssten. Nach einem Fegefeuer scheint es, dass man sich neuerlich für Illich interessiert. Das bezeugen die zahlreichen Veranstaltungen in den letzten zehn Jahren nach seinem Tod (in Kroatien, Deutschland, Italien, Mexiko, Frankreich ...). Von den jüngst veröffentlichten Büchern will ich *Penser et agir avec Illich* [2005] (*Denken und Handeln mit Illich*) von Dardenne und Trussart erwähnen. Es versammelt mehrere Beiträge einer Initiative namens Grappe (Groupe de réflexion et d'action pour une politique écologique) (Gruppe des Denkens und Handelns für eine umweltfreundliche Politik), ferner von Philippe Pignare und von vielen anderen Autoren. Ebenfalls möchte ich *De la convivialité* [2011] (über die Konvivialität) erwähnen, das Alain Caillé (der Gründer von MAUSS), Marc Humbert, Serge Latouche (Ökonom, Wachstumsgegner und Theoretiker der «Degrowth-Bewegung») und Patrick Viveret verfasst haben. Seit 2001 gibt es in Lausanne und seit Kurzem ebenfalls in Paris einen Lesekreis zu Ivan Illich, «La convivialité», initiiert von Jean-Michel Corajoud, in dem Texte von Illich gelesen und kommentiert werden. Jean Robert, einer seiner längsten Freunde und treuesten Wegbegleiter, arbeitet gerade an einem Buch zu Ivan Illich, ebenfalls David Cayley in Kanada. In Wiesbaden haben Marianne Gronemeyer und Charlotte Jurk mit einer Gruppe, die sich «die philosophischen Fragmente» nennt, ein Archiv zu Ivan Illich und eine Stiftung gegründet, die *Stiftung Convivial*. Hier sind nicht nur veröffentlichte, sondern auch unveröffentlichte Texte von Illich zu finden, insbesondere die Manuskripte und Materialien für seine Vorlesungen und Vorträge. Die Stiftung vergibt Stipendien an Studierende, die zu Illich forschen wollen (Ansprechpartnerin ist Marianne Gronemeyer). Auch in Bremen gibt es seit Kurzem ein Archiv zu Johannes Beck, in dem viele Materialien zu Ivan Illich und seinen intellektuellen Gefährten zu finden sind. Eine Bibliographie von Illichs Werken in chronologischer Ordnung, die von Isabell Hohnroth vorgelegt wurde, macht seine Schriften der Forschung zugänglich (zu finden auf dem Internetportal www.pudel.uni-bremen.de). In Italien werden unter der Ägide von Giorgio Agamben und Fabio Milana seine Bücher und einige Texte in Form einer Gesamtausgabe neu aufgelegt. Darunter ist auch ein Band mit den frühen Schriften zwischen 1951–1971, in dem wenig bekannte Texte von Illich zugänglich gemacht werden. Man kann also sagen, dass Illichs Denken, unabhängig von einem politischen Etikett, immer noch lebendig ist und neue, kritische Überlegungen hervorbringt, die von kleinen, mehr oder weniger vernetzten Gruppen entwickelt werden. Ivan Illich hätte das nicht missfallen.

Auf die Gefahr hin sich zu wiederholen, sei es wiederholt: Illich versucht in seinem bürgernahen Vorgehen nicht, sofort umsetzbare Reformen aufzuzählen. Sogar im Gegenteil! «Ich denke,» erklärt er, «dass die Ideologen einer alternativen Entwicklung, zum Beispiel die Leute der grünen Parteien und viele Hilfsorganisationen, die über alternative Zukünfte nachdenken, Missionare dieser Verwirrung sind» [Illich in Conversation, 157]. Er hing niemals wirklich an der Idee, alternative Aktionen zu unterstützen; erinnern wir uns, dass er sich über Ralph Nader, den Anwalt der Verbraucher, und die Mitglieder des Club of Rome mokiert. Er setzt sich mehr dafür ein, das Leben als die Welt zu ändern. Cuernavaca gleicht in gewisser Weise einer Utopie. Er beendet sie, bevor sie sich institutionalisiert. Später verwundert er sich über den Erfolg der Formel von Hans Jonas – «Prinzip Verantwortung». «Wenn ich nicht verrückt bin, kann ich nur für die Dinge verantwortlich sein, die ich beeinflussen kann, und ich kann mir das Lachen über diese Jugendlichen nicht verkneifen, die von einigen meiner Freunde organisiert werden und durch die Straßen einer Stadt im Mittelwesten der USA marschieren und schreien: ‹Wir wollen keine globale Erwärmung! Wir sind gegen Umweltverschmutzung!› Regentänze. (...) Nun, es ist total illusionär, zu glauben, dass man irgendetwas Vernünftiges, irgendetwas tun könnte, was in all diesen Dingen einen Unterschied machen würde, für die den Menschen heute Verantwortung gepredigt wird – von Hans Jonas oder irgendeinem anderen Philosophen, ohne von den Demagogen zu sprechen» [Illich in Conversation, 283 f].

Wenn seine ersten Aufsätze erwarten ließen, dass sich hinter der Kritik Ersatzlösungen oder Alternativen abzeichnen, so ist das am Wendepunkt der 1970er und 1980er Jahre nicht mehr der Fall. Am Beginn von *Genus* können wir lesen: «Über die Zukunft weiß und sage ich nichts» [Genus, 20]. Und zum Schluss: «Ich habe keine Strategien anzubieten. Ich weigere mich, Spekulationen über mögliche Rezepte anzustellen» [Genus, 123]. Illichs Haltung ähnelt der von Günther Anders oder Jacques Ellul: in kritischer Weise jegliches Treiben einer Gesellschaft zu denunzieren, die so totalisierend ist wie der heutige Kapitalismus, der jeden seiner Autonomie beraubt und ihm zugleich seine Einkapselung wie eine Befreiung vorführt!

Eine solche Haltung lehnen die Anhänger des Klassenkampfes als elitär und individualistisch ab. Diese Kritik ist häufig, sie kommt nicht nur von Marxisten. Das Fehlen eines soziologischen Ansatzes stört in der Tat zahlreiche «fortschrittliche» Leser, die feststellen, dass die Lebensbedingungen zwischen einem Landarbeiter und einem Handwerker, einem Angestellten und einem Arbeitslosen, einer Führungskraft und einem Rentner etc. sich stark unterscheiden. Ohne dem Rechnung zu tragen, sei es undenkbar, eine Kritik des kapitalistischen Systems zu entwickeln. Ein Migrant sieht die Schule als «sozialen Lift» und versteht nicht, warum die Ausbildung seiner Kinder außerhalb dieser Institution geschehen sollte. Gleichfalls fordert ein Arbeiterhaushalt nicht nur die Sozialversicherung, sondern auch den kostenlosen Zugang zu einer Gesundheitsversorgung, die unterschiedslos gleich ist zu jener der Reichsten. Das Krankenhaus wird zu seiner Sache und er zögert nicht, gegen seine Schließung zu kämpfen oder sich der Erhöhung des Tagessatzes zu widersetzen. Diese sozialen Errungenschaften gehören zur gewerkschaftlichen Kultur der Linken, sie zu vergessen, läuft darauf hinaus, den Arbeitgebern und den Mächtigen in die Hände zu spielen, die für ihre Kinder einen Privatlehrer engagieren und sich einen medizinischen Aufenthalt in einer Luxusklinik leisten können. Die Kritik des Automobils bereitet den militanten «Produktivisten» Unbehagen, für die es nicht nur ein praktisches und «demokratisches» Transportmittel darstellt (jeder kann gemäß seinem Einkommen ein Automobil kaufen), sondern auch die Garantie einer wesentlichen individuellen Freiheit, die der Mobilität. Außerdem dient die Vermehrung der Autoproduktion der Industrialisierung des Landes, dem Erhalt der Arbeitsplätze und dem Unterhalt eines ganzen Systems, von dem eine große Bevölkerung lebt, angefangen von den Zulieferern bis hin zu den Automechanikern, nicht zu vergessen die Versicherungen und die Autobahn-Gesellschaften. Was seine Ablehnung nicht-konvivialer Werkzeuge betrifft, sind zahlreiche Verbraucher mit ihnen zufrieden und verstehen seine Heftigkeit gegen Atomkraftwerke nicht. Seine Pamphlete fanden daher ebenso große Zustimmung wie Ablehnung. Illich ist nicht unumstritten. Für die einen scheiterte seine Kritik des kapitalistischen Systems, weil er sie nicht mit einer soliden Analyse der streitenden sozialen Klassen und ihrer Kräfteverhältnisse verband. Für die anderen ist er dadurch, dass er die sozioökonomischen Strukturen nicht berücksichtigt habe, nicht dazu gelangt, ein politisches Gegenprogramm zum Neoliberalismus zu entwickeln und die Arbeiterschaft zu mobilisieren. Es stimmt, dass Illichs Analysen mitnichten darauf abzielen, den Kapitalismus zu reformieren. Er glaubt nicht an diese Möglichkeit, das zeigt seine Trilogie zu Schattenarbeit, schöpferischer Arbeitslosigkeit und Genus. Hier beobachtet er, inwieweit das System «Alternativen» für sich vereinnahmen und integrieren kann, um jeden in der Konsumabhängigkeit zu halten. Man darf Illichs Thesen nicht diskutieren wie die Programme der Sozialisten (aus Frankreich, Spanien oder Schweden) oder wie die Kämpfer des Linksbündnisses oder der US-amerikanischen Demokraten, denn sie gehören nicht zur gleichen Logik. Sie entschlüpfen dem Paar «rechts/links», sie sind nicht anti-kapitalistisch, sondern a-kapitalistisch (die Arbeit wird zum Werken; die Produktion für den Konsum verwandelt sich in Tätigkeit, um sich selbst zu verwirklichen; Austauschen ist wichtiger als Kaufen und Verkaufen; schnell und in alle Richtungen zu fahren, frisst Zeit und Energie. Es gilt, im eigenen Rhythmus zu gehen und den Weg wichtiger zu nehmen als das Ziel etc.). Illichs Thesen besitzen zweifellos eine spirituelle Dimension, die jedem Menschen die Möglichkeit des Handelns einräumt, um sein Dasein angenehm zu machen. Er sucht nicht Gleichheit, sondern Gerechtigkeit. Um es gleich zu sagen, Illich bietet den «traditionellen» politischen Parteien keinerlei Rezept an. Vielmehr lädt er sie ein, die Warenwelt zu verlassen, die durch Werbung verriegelt ist und durch eine Ideologie der Konkurrenz und der Bereicherung um der Bereicherung willen erzwungen wird, und neue Gemeinheiten zu schaffen und in Frieden zu leben. So interpretiert er den Mythos der Pandora.

Pandora und ihre Büchse

In «*Entschulung der Gesellschaft*» ([1995], zuerst 1972) erzählt Illich den Mythos der Pandora, den er sehr schätzt: «Ursprünglich war Pandora, die Allesgeberin, eine Erdgöttin im vorgeschichtlichen, matriarchalischen Griechenland. Sie ließ alle Übel aus ihrer Amphora (*pithos*) entweichen, verschloss diese aber, ehe die Hoffnung entweichen konnte. Die Geschichte des heutigen Menschen beginnt mit dem Verfall des Mythos der Pandora und endet in dem sich selbst verschließenden Kasten. Es ist die Geschichte des prometheischen Bemühens, Institutionen zu schaffen, um darin jedes einzelne der sich ausbreitenden Übel einzupferchen. Es ist die Geschichte schwindender Hoffnung und wachsender Erwartungen. (...) Hoffnung richtet das Verlangen auf einen Menschen, der bereit ist zu schenken. Erwartung gilt der Befriedigung aus einem vorhersehbaren Verfahren, welches dasjenige produzieren wird, das zu erwarten wir einen Anspruch haben. Das prometheische Ethos hat jetzt die Hoffnung in den Schatten gerückt. (...) Die Griechen der klassischen Zeit fingen an, die Hoffnung durch Erwartungen zu ersetzen. Nach ihrem Verständnis der Pandora hatte diese Übles wie Gutes losgelassen. Allerdings erinnerten sie sich ihrer vornehmlich wegen der Übel, die sie entfesselt hatte. Am bezeichnendsten war jedoch, dass sie vergaßen, dass die Allesgeberin auch die Hüterin der Hoffnung war» [Entschulung, 144 f]. Illich erinnert, dass Prometheus seinem Bruder Epimetheus («was auf griechisch *nachbedacht* bedeutet», derjenige, der zurückschaut, als Merkmal von Dumpfheit und Stumpfheit) riet, Pandora zu misstrauen. Doch der heiratete sie!

Kannte Ilich das Werk von Dora und Erwin Panofsky *Die Büchse der Pandora* [1992]? Diese gelehrte Studie über die Darstellungen der Pandora von den Griechen bis zur Schwelle des 20. Jahrhunderts zeigt, dass es Erasmus war, der den Krug in eine «Büchse» verwandelte, sodass es in allen europäischen Sprachen seither das Bild von Pandora's box, Pandoras ask, doos van Pandora, Büchse der Pandora und boîte de Pandore gibt. Die Autoren bemerken, dass Epimetheus («Unbedachtheit», «Unbesonnenheit») zwei Töchter zeugte, Prophasis («Entschuldigung») und Metaméleia

(«Reue»), was schon Goethe nicht entgangen war, der 1807 *Pandora* verfasste. In den Tradierungen ist es manchmal Prometheus, der den Krug öffnet, und in anderen Erzählungen ist es Pandora. In einigen Fällen ist der Krug Prometheus' Hochzeitsgeschenk an seinen Bruder und dessen Frau, in anderen ist der Krug einfach da, und unglücklicherweise öffnet Pandora den Deckel, sei es aus Neugierde oder aus Nachlässigkeit, und lässt so alle Übel der Welt entweichen; sie wird sich ihrer Tat bewusst, schließt Hals über Kopf den Krug und rettet die Hoffnung, die auf dem Grund ruht.

Die Partei der Freundschaft

Streng genommen schließt sich Illich niemals einer bestimmten Bewegung in dem Sinne an, dass er ein einflussreiches Mitglied in ihr werden möchte. Er ist kein Mann von Parteien und ebenso wenig von Petitionen. Genauer gesagt – seine Partei ist keine im traditionellen Sinne, sondern die der Freundschaft. Er sagt dies mehrmals beiläufig zu David Cayley: «Hugo von St. Viktor, einer meiner guten Freunde» [Illich in Conversation, 150], «Ich betrachte Goodman als einen der großen Denker, die ich gekannt habe. Er war ein empfindsamer, berührender Mensch» [ebd., 201], «Paolo Prodi, ein lieber und vertrauter Freund» [Flüsse, 179]. An anderer Stelle nennt er seine Nächsten: Valentina Borremans, Jean Robert, Lee Hoinacki, Silja Samerski, Matthias Rieger, Sajay Samuel, Carl Mitcham und Barbara Duden. Ich erinnere mich an jedes unserer Treffen in Paris, wo er sich zuerst nach meiner Gesundheit erkundigte und nach Neuigkeiten meiner Familie fragte, und wir dann über unsere editorischen Projekte sprachen, und wie er für jedes Thema, das ich skizzierte, aus seinem infernalischen Gedächtnis den Namen des «Freundes» herauszog, den ich von seiner Seite unbedingt kontaktieren müsste. «Mein Weg war einer der Freundschaft» [Flüsse, 178]. Ich kann es bezeugen, Ivan Illich liebte die Rolle des Netzeknüpfers und Vermittlers. Er war glücklich, wenn sich eine von ihm angeregte Begegnung als fruchtbar erwies, und gab ihr mit seinem unglaublichen Lächeln seinen Segen. Seine «Lehrveranstaltung», vielmehr sein *Symposion* war warmherzig, der Austausch konnte dort anregend sein, es mangelte nie an seiner Verfügbarkeit, es entstand eine wissbegierige Atmosphäre, die sich bei dem einen oder anderen in einem improvisierten Abendessen fortsetzte, wo zu Recht der Wein der Freundschaft floss. «Mir war es nicht möglich, Freundschaft als etwas zu suchen, das aus einem Ort und den dort herrschenden Praktiken hervorgeht. Vielmehr entstand die Ethik, die sich um den Kreis meiner Freunde entwickelte, als Folge unserer Suche nach Freundschaft und ihrer Praxis. Das ist eine radikale Umstülpung der Bedeutung von *philia.* Für mich war Freundschaft stets die Quelle, die Voraussetzung und der Zusammenhang, woraus Anvertrauen und Gleichgesinntheit entstehen können. Für Plato konnte sie nur das Ergebnis von Praktiken sein, die sich für einen Bürger ziemten» [Flüsse, 173]. Mit ihm und durch ihn bewahrheitete sich das geflügelte Wort: «Der Freund meines Freundes ist mein Freund.» Enttäuschungen hat es selten gegeben.

Seine Freunde konnten einer anderen Epoche angehören, wie Hugo von St. Viktor, für den er eine ganz besondere Vorliebe hatte. Er konnte sie nicht aufsuchen (in diesem Fall handelt es sich um eine Freundschaft intellektueller Verbundenheit, wie für Lewis Mumford oder Jack Goody), ist nur eine gewisse Zeit mit ihnen befreundet gewesen (wie mit Erich Fromm und Jean-Marie Domenach) oder hat eine Wegstrecke mit ihnen geteilt – wie, unter vielen anderen, mit Jacques Maritain (siehe das Kästchen zu seinen Lehrmeistern, Kapitel 1), Saul Alinsky, Paul Goodman (siehe Kästchen, Kapitel 2) oder auch Paulo Freire (siehe Kästchen, Kapitel 2). Mit anderen Freunden verband ihn die Sehnsucht, sich wenigstens einmal im Jahr zu einem mehrtägigen Gespräch zu verabreden: Nils Christie, der Autor von *Kriminalitätskontrolle als Industrie* (1995) und Kritiker des Gefängniswesens, besuchte ihn regelmäßig, ebenso der Kenner der sowjetischen Geschichte, Feodor Shanin aus Moskau. Alle diese Freundschaften, die manchmal zufällig entstehen, wurzeln in einem gemeinsamen *humus*, einer großzügigen und nüchternen «Lebenskunst», fröhlich und dem Studium gewidmet, einzeln und zu mehreren (nicht kollektiv), im Respekt dem anderen und seinem Geheimnis gegenüber, in einem Erhoffen auf das Kommende hin und nicht in der Erwartung einer Zukunft. Jenseits von Politik? Jenseits politischer Modalitäten, die einige als Modell von Demokratie aufrichten. Ein *jenseits von*, wo jeder Erdenbürger jeden Tag seine Welt entwirft und sie dem anderen eröffnet. Illich bekräftigt es: «Ich bin weder Romantiker, noch Technikfeind, noch Utopist» [Illich in Conversation, 188]. Und weiter: «Ich habe die starke Vermutung, dass eine Lebenskunst der Gegenwart wiedergewonnen werden kann» [Illich in Conversation, 189]. Schließlich bleibt er dem Mythos von Pandora treu, den er seit seinen ersten Vorträgen heraufbeschwört, und er pflegt die Hoffnung: «Die einzige Hoffnung, für das Leben, das ich suche, beruht auf Ablehnung von Sentimentalität und Offenheit für Überraschung» [Illich in Conversation, 190].

Das Geschenk der conspiratio

Philia beschäftigt Ivan Illich auch im Rahmen seiner Vorlesungen und Seminare über viele Jahre hinweg. Im Wintersemester 1992 lautet der Titel seines Seminars: *Philia. Über die Freundschaft.* Sie wird im darauf folgenden Winter fortgesetzt mit einem Seminar zu *Philia: Über die Gastfreundschaft.* Illichs Ankunft in Bremen, 1991, war durch Freundschaft gestiftet. Johannes Beck, der damals Dekan an der Uni Bremen war, und Christian Marzahn, der damalige Konrektor, verschafften Illich eine Gastprofessur, die auf wiederholtes Bestreben der beiden immer weiter verlängert wird. 1998 widmet er Johannes Beck seine Rede über *das Geschenk der conspiratio*, die er im Frühjahr gehalten hatte, als ihn die Stadt Bremen und ihre Bürger ehrten. In dieser Rede sind wie kaum sonst irgendwo Spuren jener besonderen Atmosphäre zu finden, die Illich und seine Freunde getragen hat. «Atmosphäre ist auch anderswo um mich entstanden, aber nie so wie hier seit 1991. (...) Ich habe nie daran gezweifelt – heute weniger denn je –, dass eine asketische Haltung die Voraussetzung für die Entdeckung alltäglichen Unsinns ist: dass nur sie ein historisch verwurzeltes Nein zu intellektuellen Moden möglich macht. Nur wo man sich gegenseitig hilft, so wenig wie möglich zu brauchen, wird man fähig, über Bedürfnisse zu lachen» [Conspiratio, 4]. Er spricht von etwas Zartem, Zerbrechlichem, es ist kaum möglich, davon zusammenfassend zu berichten. CIDOC wurde gegen die Kritik von Leuten geschlossen, «die unfähig waren, die Paradoxa von Atmosphäre zu begreifen», weil «Atmosphäre zur Institutionalisierung verführt, die sie erstickt. Man kann niemals vorhersagen, was den Geist der philia wecken wird, aber immer, was den Geist drosselt. Aura ist eine Überraschung, und es ist ein Wunder, wenn sie weilt; der Versuch, Aura abzusichern und der Versuch, sie zu nutzen, vergiften sie» [ebd. 5]. Er spricht von der conspiratio im frühen Christentum, von der Gemeinschaft, dem besonderen «Wir», das aus der Vermischung des Atems entwächst, und von deren Kontrast zur coniuratio, dem Versuch, diese Gemeinschaft abzusichern. Man muss seine wie stets gelehrte Festrede in Gänze lesen! Conspiratio ist der humus, in dem sein Nachdenken über Askese, Ich, Du und Wir gedeihen konnte. Die Themen von Illichs Vorlesungen in Bremen sprechen für sich: *Askese der Sinne. Die Haltung zu den menschlichen Sinnen im Abendland* (1991); *Philia. Über die Freundschaft* (1992); *Philia. Über die Gastfreundschaft* (1993); *Zur Geschichte des Blickens. Die ethische Tradition der Optik* (1994); *Versuche über den historischen Abfall. Exemplarisch: Ein Epilog auf das Erziehungs- und Gesundheitswesen* (1995); *Epochenwechsel: Über den Verlust der Proportion I* (1996); *Epochenwechsel: Über den Verlust der Proportion II* (1997); *Die Umstülpung der Ethik im Zeitalter des Messens* (1998); *Vom Fluchtpunkt des «Ich». Oder: wer ist es, der da soll?* (1999); *Wege der Entscheidung* (2000); *Technik und Verzicht* (2001); *Askesis heute* (2002, diese Vorlesung hat nicht mehr stattgefunden).

Für Ivan Illich ist der Mensch «ein zerbrechliches Wesen. Er wird in die Sprache hineingeboren, lebt im Recht und stirbt im Mythos. Wenn er einer maßlosen Veränderung unterworfen wird, verliert der Mensch seine Eigenschaft als Mensch» [OC1, 541]. Deshalb ist es unverzichtbar, mit ihm behutsam zu sein, ihn seine Sprache sprechen zu hören, um ihn zu verstehen, seine Mythen zu teilen, um seine Träume mit den eigenen zu vermischen, unsere Sehnsüchte unseren Bedürfnissen vorzuziehen.

Jede Leserin und jeder Leser möge aufgeschlossen sein für die Überraschungen, die Illichs Texte für sie und für ihn bereithalten! Die Freundschaft, die wir mit Ivan Illich schließen, möge uns mit Laien-Segnungen, mit diesen «Umsonstigkeiten» beschenken, die dem Markt entkommen und die neuen Gemeinheiten abstecken, welche nicht (durch *enclosure*) eingehegt werden können. Und möchte Ivan Illichs radikales Denken uns umfassend denken und handeln lassen, auf dass wir sind, was wir zu werden wünschen.

Zitatesammlung zu einigen Leitbegriffen

Armut, Armseligkeit

«Die Notwendigkeit für alle, ihren Lebensunterhalt durch Lohnarbeit zu sichern, war ein Zeichen völliger Machtlosigkeit in einer Zeit, als «Armut» vor allem eine geachtete Haltung bezeichnete, weniger eine wirtschaftliche Lage. Der Arme war das Gegenteil des *potens*, des Mächtigen, und noch nicht des *dives*, des Reichen. Er war nicht der Elende. Bis zum Ende des 12. Jahrhunderts bezeichnete «Armut» vor allem eine der Wirklichkeit angemessene Loslösung von kurzlebigen Dingen.» [Shadow Work, 102]

Aussteiger, Drop-outs

«Dass unsere gegenwärtige geistige Abhängigkeit von Erziehung gänzlich neu ist, springt in die Augen. Doch der Drop-out entdeckt das Privileg des Außenseiters, der tatsächlich aus einer sozialen Wirklichkeit herausgefallen ist, ohne welche normale Bürger ebenso wie ihre professionellen Bewacher sich nicht vorstellen können zu leben. Der erste Schritt des Drop-out ist die Ahnung, dass er in der Mehrheit ist, unter seinen Zeitgenossen ebenso wie unter den Toten.» [Educational Enterprise, 18]

Entmündigende Experten

«Ich schlage vor, dass wir die Mitte des 20. Jahrhunderts die Epoche der entmündigenden Expertenherrschaft nennen. Diese Bezeichnung wähle ich, weil sie denjenigen, der sie gebraucht, auf ein Engagement festlegt. Sie verweist ferner auf den antisozialen

Charakter der Funktionen von Leuten, deren Wert für die Gesellschaft kaum je angezweifelt wird – Erzieher, Ärzte, Sozialarbeiter, Naturwissenschaftler. Zugleich verurteilt diese Bezeichnung die behagliche Gleichgültigkeit der Bürger, die sich als Klienten dieser Experten einer vielgestaltigen Sklaverei unterwerfen.» [Fortschrittsmythen, 30]

«Aber die Gangster schlagen ihren Profit aus den Bedürfnissen der Menschen, indem sie die Versorgung mit entsprechenden Gütern kontrollieren. Heute können Erzieher, Ärzte und Sozialarbeiter etwas, was früher nur Priester und Richter vermochten – nämlich aus eigener Rechtsvollkommenheit ein Bedürfnis erzeugen, das zu befriedigen sie allein berechtigt sind.» [Fortschrittsmythen, 38]

Entwicklung und Unterentwicklung

«Unterentwicklung entsteht, wenn durch die intensive Vermarktung von ‹Patentprodukten› die Wünsche immer größer werden. Insoweit ist die gegenwärtig stattfindende, dynamische Unterentwicklung gerade das Gegenteil von dem, was ich für Bildung halte: nämlich das erwachende Bewusstsein von neuen Höhen menschlichen Vermögens und die Anwendung der eigenen schöpferischen Kraft, um das menschliche Leben zu fördern. Die Unterentwicklung hingegen bedeutet, dass das gesellschaftliche Bewusstsein vor abgepackten Lösungen kapituliert.» [Klarstellungen, 143]

«Entwicklung impliziert grundsätzlich, vielseitige Fähigkeiten und reichliche Subsistenztätigkeiten durch Gebrauch und Konsum von Waren zu ersetzen. Entwicklung impliziert den Vorrang der Lohnarbeit vor aller anderen Arbeit. Sie impliziert die Erfassung der Bedürfnisse in Begriffen von Gütern und Dienstleistungen, die auf Grund fachmännischer Pläne massenproduziert werden. Und schließlich impliziert Entwicklung eine Umgestaltung der Umwelt in dem Sinne, dass sie Raum, Zeit, Materialien, Produktion und Konsum fördern, aber gebrauchswertorientierte Tätigkeiten, die zur direkten Bedürfnisbefriedigung dienen, abwerten oder lähmen.» [Gemeinheit, 104]

«Im Diskurs über Entwicklung sind Bedürfnisse weder Wünsche noch Notwendigkeiten. Notwendigkeiten verlangen Unterwerfung, Bedürfnisse Befriedigung. Bedürfnisse verlocken dazu, die Notwendigkeit zu verleugnen und die unvermeidliche Kluft zwischen Wünschen und Wirklichkeit zu akzeptieren, sie beziehen sich auch nicht auf die Hoffnung, dass Wünsche Wirklichkeit werden. Menschen haben immer im Angesicht der Notwendigkeit des Sterbens gelebt, wenn ihnen ihr tägliches Brot fehlte. Und alle Menschen verspürten den Wunsch nach Herrlichkeit, auf Erden oder im Himmel.» [Perte, 75]

«Ökonomisches Wachstum bedeutet immer, dass die Armen fürs Leben mehr zahlen müssen, und dass sie noch fester an den Anspruch auf langlebige Konsumgüter gekettet werden.» [Proportionalität, 9]

Das Fahrrad

«Vor einem Jahrhundert wurde das Kugellager erfunden. (…) Das Kugellager ermöglichte das Fahrrad (…) Auf dem Fahrrad kann der Mensch sich drei- bis viermal schneller fortbewegen als der Fußgänger, doch er verbraucht dabei fünfmal weniger Energie.» [Fortschrittsmythen, 103]

«Fahrräder ermöglichen es dem Menschen, sich schneller fortzubewegen, ohne nennenswerte Mengen von knappem Raum, knapper Energie oder knapper Zeit zu beanspruchen.» [Fortschrittsmythen, 106]

Gemeinheit oder das Gemeine, Allmende

«Wenn man von ‹commons› (Gemeinheiten, Allmende) spricht, denkt man sofort an Wiesen und Wälder. Man denkt an die Einhegung von Weideland, durch welche der Herr das einzige Schaf des Bauern vom Weiden ausschloss und ihn einer Existenzmöglichkeit außerhalb des Marktes beraubte und so zu vorindustrieller Lohnarbeit zwang. (…) Die Gemeinheiten, die wir jetzt diskutieren, sind etwas viel Zarteres. Ökonomen neigen dazu, von ihnen als ‹Nutzungswert der Umwelt› zu sprechen.» [Shadow Work, 3]

«Der englische Begriff *commons* (auf Französisch *communaux*, auf Deutsch *Allmende* oder *Gemeinheit*, auf Italienisch *gli usi civici*) geht auf das Mittelalter zurück. Für meine japanischen Freunde ist sein Sinn nahe an dem, was für sie *iriai* bedeutet. (...) Die commons sind die Teile der Umgebung, für welche das Gewohnheitsrecht besondere Formen des gemeinschaftlichen Respekts verlangte. Es handelte sich für die Dorfbewohner um Teile der Umgebung, die sie nicht besaßen, für die sie aber ein anerkanntes Nutzungsrecht hatten, nicht um Warengüter herzustellen, sondern um die Subsistenz ihrer Familie zu sichern.» [Mirror, 49]

«Ebenso wie die Gemeinheiten des Raumes verletzlich sind und durch den motorisierten Verkehr zerstört werden können, genauso sind die Gemeinheiten des Redens verletzlich und können leicht durch das Eindringen neuer Kommunikationsmittel zerstört werden.» [Mirror, 53]

«Sich selbst bewegende Menschen verwandeln die Räume, die sich nicht aneignen lassen (das, was man in den ländlichen Gemeinden als commons bezeichnet), auf denen sie gehen oder sich ausruhen; sie bleiben innerhalb der Grenzen ihrer Füße und des selbstbegrenzenden Rhythmus ihrer Körper. Fahrzeuge tendieren dazu, commons zu unbegrenzten Durchfahrkorridoren zu erniedrigen; indem sie die commons in Ressourcen für die Produktion von Passagierkilometern verwandeln, verringern Fahrzeuge den Nutzungswert der Füße. Sie homogenisieren die Landschaft, machen sie unzugänglich, und katapultieren dann Menschen von einem Punkt zum anderen.» [Beyond Economics, 120]

Genus

«Mit sozialem Genus meine ich eine je orts- und zeitgebundene Dualität, die Männer und Frauen in Verhältnissen voneinander abhebt, die sie daran hindern, das Gleiche zu sagen, zu tun, zu begehren oder wahrzunehmen. Mit ökonomischem oder sozialem

Sexus dagegen meine ich eine Dualität, die den Anspruch erhebt, das illusionäre Ziel ökonomischer, politischer, gesetzlicher und sozialer Gleichheit von Mann und Frau verwirklichen zu können.» [Genus, 20]

«Ich spreche also bewusst von gemeinem Genus und ökonomischem Sexus als konträren gesellschaftlichen Strukturprinzipien – beide soziale Realitäten mit nur dürftigen Fäden zur Anatomie. Ich spreche von ‹Genus› und von ‹Sexus› als Bezeichnung für die Axiome, aus denen zwei entgegengesetzte Topologien und Menschen-Gestalten entstehen.» [Genus, 134]

Gesundheit, Iatrogenesis, Heilung, Schmerz

«Im engsten Sinn des Wortes bezeichnet «iatrogene Krankheit» nur jene Leiden, die nicht entstanden wären, wenn keine korrekte und medizinisch angezeigte Behandlung vorgenommen worden wäre. (…) In einem weiteren, allgemein akzeptierten Sinn umfasst iatrogene Krankheit all jene klinischen Zustände, für die Heilmittel, Ärzte oder Krankenhäuser die pathogenen oder krankmachenden Ursachen sind. Diese Unzahl therapeutischer Nebenwirkungen werde ich klinische *Iatrogenesis* nennen.» [Nemesis, 24]

«Die Medizin schwächt die Gesundheit nicht nur durch direkte Aggression gegen den Einzelnen, sondern auch durch die Auswirkung ihrer gesellschaftlichen Organisation auf die ganze Umwelt. Wenn die medizinische Schädigung der Gesundheit des Einzelnen durch eine soziopolitische Form der Übertragung geschieht, spreche ich von *sozialer Iatrogenesis* (…) *Soziale Iatrogenesis* liegt vor, wenn Gesundheitspflege sich in eine standardisierte Massenware verwandelt.» [Nemesis, 31 f]

«Der beste Maßstab für die Medikalisierung des Lebens ist die Feststellung, der wievielte Teil eines typischen Jahreseinkommens nach den Anweisungen des Arztes ausgegeben wird.» [Nemesis, 37]

«Die einzelnen politischen Systeme ordnen Krankheitsbilder verschiedenen Krankheiten zu und schaffen damit unterschiedliche Kategorien von Nachfrage, Angebot und unbefriedigten Bedürfnissen. Aber die Behandlungskosten steigen in vergleichbaren Raten – ganz gleich wie Krankheit aufgefasst wird. (...) Doch bei einem bestimmten Bruttosozialprodukt erzeugen alle Industriesysteme die gleiche Abhängigkeit vom Arzt.» [Nemesis, 42]

«Heilen ist meist eine traditionelle Weise, Menschen zu pflegen und zu trösten, während sie genesen. Und Krankenpflege ist meist eine Form der Toleranz, die den Gebrechlichen zuteil wird. (...) Die Ideologie, die der moderne, kosmopolitische Betrieb propagiert, läuft diesen Funktionen zuwider.» [Nemesis, 93]

«Wie ‹mein Schmerz› in einzigartiger Weise mir gehört, so bin ich auch völlig allein mit ihm. Ich kann ihn nicht teilen. Ich zweifle nicht an der Realität der Schmerzerfahrung, aber ich kann keinem anderen sagen, was ich erfahre. Ich vermute, dass andere ‹ihre Schmerzen› haben, wiewohl ich nicht wahrzunehmen vermag, was sie meinen, wenn sie mir davon erzählen.» [Nemesis, 100]

Konsum, Verbrauch von Waren

«Dem solcherart angepassten Konsumenten bleibt nichts anderes übrig, als seine empfundenen durch gelernte Bedürfnisse zu ersetzen.» [Fortschrittsmythen, 47]

«Ein guter Bürger ist derjenige, der sich mit solcher Überzeugung zu standardisierten Bedürfnissen bekennt, dass er jeden Wunsch nach Alternativen, gar nach Zurückweisung des Bedürfnisses in sich erstickt.» [Fortschrittsmythen, 47]

Kontraproduktivität, Zweckwidrigkeit

«Wenn eine Unternehmung über einen bestimmten Punkt dieser Balance hinaus expandiert, wird sie ihrem ursprünglichen Zweck nicht mehr gerecht, sondern sie wird zu einer Gefahr für die Gesellschaft als solche. Diese Balancespielräume müssen wir erkennen, und wir müssen die Parameter untersuchen, innerhalb derer die menschlichen Bestrebungen zulassen, dass das menschliche Leben fortbesteht.» [Selbstbegrenzung, 11]

«Jenseits einer gewissen Intensitätsschwelle schafft die Medizin Hilflosigkeit und Krankheit; Erziehung wird zur Hauptursache einer entmündigenden Arbeitsteilung; schnelle Transportsysteme sorgen dafür, dass die Stadtbewohner etwa ein Sechstel ihrer wachen Zeit als Passagiere verbringen, während sie einen ähnlichen Teil ihrer Zeit als Arbeitssklaven im Dienst von Ford, Esso und der Autosteuer und -versicherung malochen. Die Schwelle, wo Medizin, Erziehung oder Transport sich in kontraproduktive Werkzeuge verwandeln, ist in allen Ländern der Welt erreicht, die ein Pro-Kopf-Einkommen in ähnlicher Höhe wie etwa Kuba haben.» [Fortschrittsmythen, 51]

«Der Hauptgrund, warum marktintensive Produktion zur Kontraproduktivität führt, ist in der Beziehung zwischen dem Monopol der Waren und den menschlichen Bedürfnissen zu suchen.» [Fortschrittsmythen, 55]

«Als Kontraproduktivität bezeichne ich einen Sozialindikator, mit dem sich gruppen-, klassen- oder geschlechtsspezifische Frustration bemessen lässt, die als Resultat des Zwangskonsums einer Ware oder einer Dienstleistung auftritt.» [Genus, 135]

Konvivialität, konviviale Gesellschaft, konviviales Werkzeug, konviviales Wissen

«Eine Gesellschaft, in der sich Individuen und nicht Manager moderner Technologien bedienen, werde ich *konvivial* nennen. (...) Ich habe mich für den terminus technicus ‹konvivial› zur Bezeichnung einer Gesellschaft entschieden, in der Werkzeuge vernünftigen Wachstumsbeschränkungen unterliegen.» [Selbstbegrenzung, 13]

«Ich wähle den Begriff ‹konvivial›, um das Gegenteil der industriellen Produktivität bezeichnen zu können. Er soll für den autonomen und schöpferischen zwischenmenschlichen Umgang und den Umgang von Menschen mit ihrer Umwelt als Gegensatz zu der konditionierten Reaktion von Menschen auf Anforderungen durch andere und Anforderungen durch eine künstliche Umwelt stehen. Für mich ist Konvivialität individuelle Freiheit, die sich in persönlicher Interdependenz verwirklicht, und sie ist als solche ein immanenter ethischer Wert.» [Selbstbegrenzung, 28]

«Eine konviviale Gesellschaft sollte es jedem ermöglichen, so autonom wie nur möglich mit Werkzeugen umzugehen, die in so geringem Maße wie möglich anderen unterstünden.» [Selbstbegrenzung, 41]

«Werkzeuge sind dann der Konvivialität förderlich, wenn sie von jedem so oft oder so selten wie gewünscht verwendet werden können, um ein vom Benutzer selbst gewähltes Ziel zu erreichen. Wenn ein Mensch solche Werkzeuge benutzt, hindert das nicht einen anderen daran, sie auf die gleiche Weise zu benutzen. Wer sie benutzen will, muss keinen Befähigungsschein vorweisen.» [Selbstbegrenzung, 42 f]

«Die Wissenschaften können jedoch auch dazu beitragen, Werkzeuge leichter handhabbar zu machen und somit dem Laien mehr Möglichkeiten bieten, seine unmittelbare Umgebung nach seinen eigenen Vorstellungen zu gestalten.» [Selbstbegrenzung, 59]

«Unter Askese heute verstehe ich die überlegte Flucht vor dem Konsum, wenn dieser das konviviale Handeln ersetzt. Nicht die Sorge um meine Gesundheit, sondern Askese lässt mich die Treppen steigen, trotz der geöffneten Aufzugstür; ich verschicke aus Askese eine handgeschriebene Nachricht anstatt einer e-mail, oder sie führt mich dazu, auf eine wichtige Frage selbst eine Antwort zu suchen, anstatt eine Datenbasis zu befragen, um zu sehen, was Autoritäten, die vor mir auf das gleiche Problem stießen, darüber sagen.» [Perte, 266]

Schattenarbeit und Schatten-Ökonomie

«Arbeit ist nicht mehr die Schaffung eines Wertes, den der Arbeiter als solchen erkennt, sondern ein Job, also eine soziale Beziehung. Arbeitslosigkeit bedeutet trostlosen Müßiggang, nicht mehr die Freiheit, Dinge zu tun, die für mich oder meinen Nachbarn nützlich sind.» [Fortschrittsmythen, 63]

«Moderne Subsistenz wollen wir also einen Lebensstil nennen, der in einer nachindustriellen Volkswirtschaft herrschen könnte, in der es den Menschen gelungen wäre, ihre Abhängigkeit vom Markt zu reduzieren, und zwar dadurch, dass sie – durch politische Mittel – eine soziale Infrastruktur einrichten und schützen, bei der Techniken und Werkzeuge hauptsächlich dazu dienen, Gebrauchswerte herzustellen, die sich der Messung und Bewertung der professionellen Bedürfnismacher entziehen.» [Fortschrittsmythen, 70]

«Der Vorrang, der dem *Recht* auf dekretierte Bedürfnisse gegeben wird, verringert die *Freiheit* zu lernen, zu gesunden oder sich aus eigener Kraft fortzubewegen zu einem zerbrechlichen Luxus. In einer konvivialen Gesellschaft aber träfe das Gegenteil zu.» [Fortschrittsmythen, 71]

«Ich prägte den Begriff der ‹Schattenökonomie›, um über Aktivitäten und Tauschhandlungen zu sprechen, die nicht im monetären Sektor stattfinden und die es in vorindustriellen Gesellschaften noch nicht gab.» [Shadow Work, 1]

«Dieses Komplement zur Lohnarbeit, das ich Schattenarbeit nenne, umfasst die meiste Hausarbeit, die Frauen in ihren Heimen und Wohnungen tun, die Tätigkeiten, die mit dem Einkaufengehen verbunden sind, das Abliefern der Kinder am Schultor und das Warten mit ihnen in der Klinik und auf dem Spielplatz, das Pauken mit den Kindern für die Prüfung, aber auch das Berufspendeln des Vaters. Dazu gehört der Stress des Zwangskonsums und die eingefleischte Selbstauslieferung an Pädagogen und Therapeuten, der Umgang mit Bürokraten nicht weniger als das Strammstehen vor der Verkehrsampel, kurzum das Meiste, was so allgemein als Familien- oder Privatleben etikettiert wird.» [Gemeinheit, 77]

Schule, Erziehung, erziehen

«Die Schulen der Dritten Welt flößen ihr Opium viel wirkungsvoller ein als zu früheren Zeiten die Kirchen. Je mehr eine Gesellschaft geistig geschult wird, umso mehr verlieren ihre Angehörigen das Gefühl dafür, dass es vielleicht möglich wäre zu leben, ohne anderen unterlegen zu sein.» [Klarstellungen, 144]

«Für arme Nationen aber wird die Schulpflicht zum Denkmal ihrer selbstgeschaffenen Unterlegenheit. An den Schulhokuspokus zu glauben, heißt, sich ein Billett für einen hinteren Sitz in einem Autobus zu kaufen, der nirgendwohin fährt.» [Klarstellungen, 162–163]

«Die Schule ist zur Weltreligion eines modernisierten Proletariats geworden und macht den Armen des technischen Zeitalters leere Erlösungsversprechungen.» [Entschulung, 29]

«Ein gutes Bildungswesen sollte drei Zwecken dienen: Es sollte allen, die lernen wollen, zu jedem Zeitpunkt ihres Lebens Zugang zu vorhandenen Möglichkeiten gewähren; es sollte alle, die ihr Wissen mit anderen teilen wollen, ermächtigen, diejenigen zu finden, die von ihnen lernen wollen; schließlich sollte es allen, die der Öffentlichkeit ein Problem vorlegen wollen, Gelegenheit verschaffen, ihre Sache vorzutragen.» [Entschulung, 109]

«Wann lernen wir überhaupt? Wenn wir das tun, was uns interessiert.» [OC1, 370]

«Die Umwandlung vom Lernen in Schulbildung hat Schulen nicht nur unentbehrlich erscheinen lassen; sie hat zusätzlich dazu geführt, dass die Unbeschulten nicht mehr nur arm sind, sondern wegen ihres Mangels an Bildung auch noch diskriminiert werden. Wer die Bildungsleiter hinaufgestiegen ist, kennt den Punkt, an dem er versagt hat, und weiß, wie ungebildet er ist.» [Selbstbegrenzung, 39]

«Der lateinische Ausdruck *educatio prolis* verlangt grammatikalisch ein weibliches Subjekt. Es bezeichnet das Füttern, Nähren und Aufziehen, das Mütter tun.» [Shadow Work, 46]

Selbstbegrenzung oder Selbstgenügsamkeit

«Gegenwärtig ist ein Konsensus über Selbstbegrenzung schwer vorstellbar.» [Entschulung, 184]

«Selbstbegrenzung (*eutrapelia*) ist komplementärer Teil einer umfassenderen Tugend, die Thomas Freundschaft oder Freudigkeit nennt. Sie ist Frucht der Befürchtung, dass Dinge oder Werkzeuge die *eutrapelia* (oder spielerische Leichtigkeit) der persönlichen Beziehungen zerstören könnten, statt sie zu verbessern.» [Selbstbegrenzung, 14]

«Der Entzug von der Wachstumssucht wird schmerzhaft sein.» [Selbstbegrenzung, 127]

«Die Alternative (...) besteht in einem politischen Prozess, mittels dessen die Leute beschließen, wie viel von den knappen Ressourcen jeder in der Gesellschaft höchstens beanspruchen darf. Ein Verfahren also, mittels dessen sie beschließen können, die Wachstumsgrenzen über eine lange Zeit relativ stabil zu halten, aber auch die ständige Suche nach Möglichkeiten dafür belohnen können, dass ein zunehmender Prozentsatz der Bevölkerung bewegt wird, sich daran zu beteiligen, *aus immer weniger immer mehr zu machen.*» [Selbstbegrenzung, 150]

«Mäßigung (...) ist jene soziale Tugend, die eine konsensfähige Einigung auf maximale Grenzen jener technisch-instrumentellen Energiequanten erlaubt, die der Einzelne für sich selbst wie im Dienste anderer beanspruchen darf. Diese ‹konviviale Mäßigung› würde eine Gesellschaft dazu inspirieren, den persönlichen Gebrauchswert, über den alle verfügen könnten, gegen die entmündigende Bereicherung der wenigen zu schützen.» [Fortschrittsmythen, 28]

Unwert, «disvalue»

«Ökonomischer Wert taucht auf und überschattet Segnungen, dort, wo der kulturelle Kontext zerstört ist. Die Erzeugung von Unwert ist die logische Voraussetzung für das Auftauchen ökonomischer Konzepte und für die Erfahrungen, die diese einflößen. Ich verwende hier den Begriff ‹Unwert› aus den gleichen Gründen, aus denen ich vorher von ‹Segnungen› sprach. Mit beiden Begriffen möchte ich den Verlust oder die Wohltaten bezeichnen, die in Begrifflichkeiten der Ökonomie nicht bemessen werden können.» [Mirror, 44]

«‹Disvalue›, ‹Unwert› ist der Begriff, der die Zerstörung von Gemeinheiten und Kulturen zum Ausdruck bringt, mit dem Ergebnis, dass traditionelle Arbeit ihrer Macht beraubt wird, Subsistenz zu erzeugen. (...) Ich behaupte, dass ökonomischer Wert nur in Folge einer stattgefundenen Zerstörung der Kultur angehäuft wird, was man auch als Erzeugung von Unwert ansehen kann.» [Mirror, 75f]

Verkehr

«Der Verkehr verbraucht mehr Raum, als dass er ihn verkürzte. Er vergrößert die Distanz, statt sie zu überwinden. Anstatt mehr Menschen miteinander in Verbindung zu bringen, verhindert er es, dass man sich mit mehr Menschen treffen kann.» [OC1, 670]

Vernakulär

«Der Begriff ‹vernakulär› entstand aus einer indogermanischen Wurzel, die Verwurzelung und Heimstatt bedeutet. Das lateinische Wort *vernaculum* bezeichnete alles, was im Haushalt erzeugt, gesponnen, angebaut, gemacht wurde im Gegensatz zu dem, was durch formalen Austausch erlangt wurde.» [Shadow Work, 57]

«Der ‹Erwerb› des Vernakulären erwuchs, ebenso wie die meisten Dinge und Dienstleistungen, die geteilt wurden, aus vielfältigen Formen wechselseitiger Reziprozität und nicht durch Vermittlung eines beauftragten Lehrers oder Spezialisten.» [Shadow Work, 66]

«Das Vernakuläre breitet sich durch seinen praktischen Gebrauch aus; man lernt von Leuten, die im alltäglichen Leben denken, was sie sagen, und sagen, was sie denken. In der unterrichteten Sprache ist das nicht so. (...) Das Modell der unterrichteten Umgangssprache ist jemand, der nicht sagt, was er denkt, sondern der vorsagt, was andere erklärt haben.» [Shadow Work, 71]

Literaturverzeichnis

Texte von Ivan Illich

Die philosophischen Grundlagen der Geschichtsschreibung bei Arnold Toynbee. Doktoratsthese, Universität Salzburg, 1951.

The Church, Change and Development. Chicago, New York, Urban Training Center 1970.

[OC1] *Oeuvres complètes. Vol. 1.* Mit einem Vorwort von Jean Robert und Valentina Borremans, Paris, Fayard 2003.

– Libérer l'avenir (Klarstellungen), 41–202

– Une société sans école (Entschulung der Gesellschaft), 205–377

– Énergie et équité (Energie und Gerechtigkeit), 379–447

– La Convivialité (Selbstbegrenzung), 479–580

– Némésis médicale (Nemesis der Medizin), 581–786

Klarstellungen. Pamphlete und Polemiken. Aus dem Englischen von Helmut Lindemann (Englischer Titel: Celebration of Awareness), mit einer Einleitung von Erich Fromm, München, Beck 1996 (zuerst als *Almosen und Folter. Verfehlter Fortschritt in Lateinamerika.* München, Kösel 1970).

– Die Schule als heilige Kuh, 13–25

– Schulen helfen nicht, 26–40

– Die Ohnmacht der Kirche, 41–48

– Das Verschwinden des Priesters, 49–74

– Die Kehrseite der Barmherzigkeit, 75–89

– Die Beredsamkeit des Schweigens, 90–97

– Nicht Ausländer und doch Fremde, 98–108

– Gewalt: Ein Spiegel für Amerikaner, 109–117

– Sexuelle Macht und politische Potenz, 118–134

– Geplante Armut als Frucht technischer Hilfe, 135–151

– Aufruf zur Feier, 152–155
– Struktur einer Kulturrevolution, 156–169

Entschulung der Gesellschaft. Eine Streitschrift. Übersetzt von Helmut Lindemann und Thomas Lindquist, München, Beck 1995 (zuerst München, Kösel 1972).
– Warum wir die Schule abschaffen müssen, 17–47
– Eine Phänomenologie der Schule, 48–58
– Die Ritualisierung des Fortschritts, 59–80
– Ein Spektrum der Institutionen, 81–96
– Irrationale Folgerichtigkeit, 97–104
– Wege zum Lernen, 105–143
– Die Wiedergeburt des epimetheischen Menschen, 144–157
– Wider die Verschulung, 158–185

Fortschrittsmythen. Übersetzt aus dem Englischen von Thomas Lindquist, hg von Freimut Duve, Reinbek, Rowohlt 1983 (Erstausgabe 1974).
– Schöpferische Arbeitslosigkeit oder die Grenzen der Vermarktung, 16–71
– Energie und Gerechtigkeit, 73–112
– Wider die Verschulung, 113–138

Selbstbegrenzung. Eine politische Kritik der Technik. Übersetzt aus dem Englischen (Tools for Conviviality) von Ylva Eriksson-Kuchenbuch, München, Beck 1998 (zuerst Reinbek, Rowohlt 1975).
– enthält den Aufsatz: Gesundheit in eigener Verantwortung: Danke, Nein!, 164–175

Hygienic Autonomy. A Manifesto. In: Health as one's own Responsibility: Thank you, No! http://www.pudel.uni-bremen.de/pdf/Illich_1429id.pdf [01.10.2016], 8.

[Nemesis] *Die Nemesis der Medizin. Die Kritik der Medikalisierung des Lebens.* Übersetzt aus dem Englischen von Thomas Lindquist und Johannes Schwab, München, Beck 1995 (zuerst Reinbek, Rowohlt 1975).

Entmündigung durch Experten. Zur Kritik der Dienstleistungsberufe. Reinbek, Rowohlt 1977 (eng. Orig. Disabling Professions 1977).
– Entmündigende Expertenherrschaft (Illich), 7–36
– Professionelle Dienstleistung und entmündigende Hilfe (McKnight), 37–56

– Gesundheitsmanie und entmündigende Medikalisierung (Zola), 57–80
– Gesundheit kann kein Dritter definieren (Borremans), 81–96
– Ein Kult wird untersucht. Die Juristen und ihre Kunden (Caplan), 97–112
– Arbeiter in Detroit (Shaiken), 113–128
– Zwischen Supermarkt und Sozialstaat. Die neue Abhängigkeit des Bürgers (Huber), 129–153

[OC2] *Oeuvres complètes. Vol. 2.* Mit einem Vorwort von Thierry Paquot, Paris, Fayard 2005.
– Le Chômage créateur (Schöpferische Arbeitslosigkeit), 23–90
– Le Travail fantôme (Schattenarbeit), 91–248
– Le Genre vernaculaire (Genus), 249–259
– H2O, les eaux de l'oubli (H2O und die Wasser des Vergessens), 261–556
– Du lisible au visible: la naissance du texte (Im Weinberg des Textes), 557–702
– Dans le miroir du passé (In the Mirror of the Past), 703–952

Schattenarbeit oder Vernakuläre Tätigkeiten. Zur Kolonisierung des informellen Sektors. In: Technologie und Politik. Das Magazin zur Wachstumskrise, Nr. 15, Reinbek, Rowohlt 1980.

Shadow Work. London, Marian Boyars 1981.
– The Three Dimensions of Public Choice, 7–26
– Vernacular Values, 27–52
– The War against Subsistence, 53–74
– Research by People, 75–96
– Shadow Work, *97–116*

[Gemeinheit] *Vom Recht auf Gemeinheit.* Hg von Freimut Duve, Reinbek, Rowohlt 1982.
– Das Recht auf gemeine Sprache, 11–29 (Vortrag April 1979, Columbia University)
– Die warenhafte Muttersprache, 30–48 (Vortrag April 1979, Columbia University)
– Eigenarbeit, 49–52 (Vortrag November 1980, Evangelische Akademie Loccum)

– Erziehung im Siebten Stock, 53–63 (Vortrag Göttingen 1980, Eröffnung der Tagung der Deutschen Gesellschaft für Erziehung und Wissenschaft)
– Der Lebenskünstler und der Kunstproduzent, 64–74 (Vortrag August 1981, Weltkongress International Society for Education through Art Rotterdam)
– Schattenarbeit, 75–93 (Südafrika 1980)
– Über die ökumenische Ver-Wirung, 94–99 (Kassel 1980–1981)
– Die gemeine Dimension der Politik, 100–113 (Vortrag Society for Economic Development, August 1979, Colombo)
– Der gemeine Frieden, 114–122 (1980, Tokyo)

Genus. Zu einer historischen Kritik der Gleichheit. Übersetzt aus dem Englischen von Ruth Kriss-Rettenbeck und Barbara Duden, München, Beck 1995 (zuerst Reinbek, Rowohlt 1983).

Beyond Economics and Ecology. The Radical Thought of Ivan Illich. Hg von Sajay Samuel, London, Marion Boyars 2013.
– The War against Subsistence, 27–48
– Shadow Work, 49–68
– Energy and Equity, 69–104
– The Social Construction of Energy, 105–123

[Würdiges Schweigen] *Das Recht auf würdiges Schweigen.* In: Frieden vor Ort. Ausbrechen – Verantwortlich werden. Hg von Marianne und Reimer Gronemeyer, Frankfurt a. M., Fischer 1982.

Homo Viator – Ideen und Wirklichkeiten. Mit Lenz Kriss-Rettenbeck und Ruth Kriss-Rettenbeck. In: Wallfahrt kennt keine Grenzen. Hg von Kriss-Rettenbeck, L. und Möhler, G., München, Schnell und Steiner Verlag 1984.

[Phaidros] *Schule ins Museum. Phaidros und die Folgen.* Bad Heilbrunn, Verlag Julius Klinkhardt 1984.

Wort und Alphabet. In: Scheidewege, 1984–1985, Jg. 14.

[Babel] *Wider den Turmbau zu Babel. Disput mit Ivan Illich.* Hg von Stefan Pfürtner, Reinbek, Rowohlt 1985. Der Beitrag von Ivan Illich in dem Sammelband:
– Einführung in die Kulturgeschichte der Knappheit, 12–31

H2O und die Wasser des Vergessens. Übersetzt aus dem Englischen von

Regina Carstensen, Wolfgang Mattern und Barbara Duden, Reinbek, Rowohlt 1987.

[Educational Enterprise] *The Educational Enterprise in the Light of the Gospel.* http://davidtinapple.com/illich/1988_Educational.html, 08.10.2016.

ABC. *Das Denken lernt Schreiben. Lesekultur und Identität.* Zusammen mit Barry Sanders. Übersetzt aus dem Amerikanischen von Ruth Cremerius, Hamburg, Hoffmann und Campe 1988.

[Weinberg] *Im Weinberg des Textes. Als das Schriftbild der Moderne entstand.* Übersetzt aus dem Englischen von Ylva Eriksson-Kuchenbuch, München, Beck 2010 (zuerst im Deutschen Luchterhand Literaturverlag, 1991).

Text und Universität. Zur Idee und Geschichte einer einzigartigen Institution. In: Zwanzig Jahre Universität Bremen. Zwischenbilanz: Rückblick und Perspektiven. Bremen, Pressestelle der Universität Bremen 1991, 85–93 (die deutschsprachige Ursprungsfassung findet sich in der Stiftung Convivial; engl. Text and University, http://www.pudel.uni-bremen.de/pdf/TEXTANTL.pdf [02.10.2015]).

Bedürfnisse. In: Wie im Westen – so auf Erden. Aus dem Englischen von Edgar Peinelt, hg von Wolfgang Sachs, Reinbek, Rowohlt 1993, 47–70. Das Buch enthält außerdem

– Armut (Rahnema), 16–46
– Bedürnisse (Illich), 47–70
– Bevölkerung (Duden), 71–88
– Entwicklung (Esteva), 89–121
– Fortschritt (Sbert), 122–144
– Gleichheit (Lummis), 145–169
– Hilfe (Gronemeyer), 170–194
– Lebensstandard (Latouche), 195–217
– Markt (Berthoud), 218–247
– Partizipation (Rahnema), 248–273
– Planung (Escobar), 274–297
– Produktion (Robert), 298–321
– Ressourcen (Shiva), 322–344
– Sozialismus (Cleaver), 345–372
– Staat (Nandy), 373–389

– Technologie (Ullrich), 390–408
– Umwelt (Sachs), 409–428
– Die eine Welt (Sachs), 429–450
– Wissenschaft (Alvares), 451–472

[Mirror] *In the Mirror of the Past.* London, New York, Marion Boyars 1992.
– The De-linking of Peace and Development, 15–26 (Dezember 1980, Yokohama)
– The Right to Dignified Silence, 27–31 (Tokyo, People's Forum Hope 1982)
– I have decided to keep silent, 32–33 (Hannover, Evangelischer Kirchentag, 1983)
– Alternatives to Economics: Toward a History of Waste, 34–46 (Eastern Economics Association, Boston 1988)
– Silence is a Commons, 47–54 (Asahi Symposium Science and Man, Tokyo 1982)
– Dwelling, 55–64 (Royal Institute British Architects, York UK 1984)
– The Message of Bapu's Hut, 65–69 (Sevagram Ashram, Pratishthan Sevagram Wardha 1978)
– Disvalue, 70–82 (Entropy Society, Tokyo 1986)
– The Three Dimensions of Public Option, 83–102 (16th General Assembly, Society for International Development, Colombo 1979)
– The Educational Sphere, 105–112 (Teachers' College, Columbia University, New York 1979)
– Taught Mother Tongue, 119–142 (Central Institute of Indian Languages, Misore 1978)
– H2O and the Waters of Forgetfulness, 145–158 (Dallas Institute of Humanities and Culture, 1984)
– A Plea for Research on Lay Literacy, 159–181 (American Education Research Association, San Francisco 1986)
– Mnemosyne: The Mold of Memory. The Object of Objects: An Elegy for the Anchored Text, 182–201 (Socio-Semiotics of Objects. The Role of Artefacts in Social-Symbolic Processes. University of Toronto 1990)
– Computer Literacy and the Cybernetic Dream, 202–207 (STS Conference on Technological Literacy, Pennsylvania State University 1987)
– Twelve Years after Medical Nemesis: A Plea for Body History, 211–217

(Consultation on Health and Healing in America, Pennsylvania State University State 1985)
– The Institutional Construction of a New Fetish: Human Life, 218–231 (Evangelical Lutheran Church, Chicago 1989)
– mit Robert Mendelsohn. Medical Ethics. A Call to Debunk Bio-Ethics, 233 (Chicago, University of Illinois)

[Leben] *Die Substantivierung des Lebens im 19. und 20. Jahrhundert – eine Herausforderung für das 21. Jahrhundert.* In: Was macht den Menschen krank? 18 kritische Analysen. Hg von Klaus Jork et al., Basel, Birkhäuser 1991, 225–234.

Der technische Zugriff auf das Leben in Kultur und Technik im 21. Jahrhundert. In: Schriftenreihe des Wissenschaftszentrums, Bd. 1. Hg von Gert Kaiser, Dirk Matejowski, Jutta Fredowitz. Frankfurt a. M., Campus Verlag 1993, 167–171.

Life as Idol. Ivan Illich's ideas on life. Broadcast mit David Cayley CBC Radio One, Toronto 1992.

Gegen Gesundheit. Interview von Eva Schindele mit Ivan Illich. TAZ, 23.10. 1990.

[Illich in Conversation] *Ivan Illich in Conversation.* Von David Cayley, Ontario, Anansi 1992.

[Askese des Blicks] *Die Askese des Blicks im Zeitalter der Show* – INTERFACE. In: Weltbilder, Bildwelten. Computergestützte Visionen. Hg von Klaus-Peter Dencker, Hamburg, Hans-Bredow-Institut 1995, 206–222.

[Skopische Vergangenheit] *Die skopische Vergangenheit Europas und die Ethik der Opsis. Plädoyer für eine Geschichte des Blickes und Blickens.* Zusammen mit Barbara Duden. In: Historische Anthropologie 3, 2, 1995, 203–221.

Schriften Bremen I. Zur Geschichte des Blickens. Unveröffentlichte Textsammlung, einsehbar im Archiv von Johannes Beck und in der Stiftung Convivial.
– Einführung in die Geschichte des Blickens (Duden), 2–85
– Pupilla (Illich), 86–99
– Guarding the Eye in the Age of Show (Illich), 100–118
– A Note on two brief Visits to Poland (Hoinacki), 119–122

– Sehende Blindheit und ein Blick auf den Spiegel (Trapp), 123 ff

Post-Development Reader. Hg von Majid Rahnema und Victoria Bawtree. London, Zed Books 1997. Enthält von Ivan Illich:

– Twenty-six Years Later. Majid Rahnema in Conversation with Ivan Illich, 103–110

– Development as Planned Poverty, 94–102

Speed, what Speed? Mit Matthias Rieger und Sebastian Trapp. In: Speed. Visions of an Accelerated Age. Hg von Jeremy Millar und Michiel Schwarz, London, Whitechapel Gallery 1998, 148–154.

[Streben nach Gesundheit] *Und führe uns nicht in die Diagnose, sondern erlöse uns von dem Streben nach Gesundheit.* Eröffnungsvortrag auf dem Symposium in Bologna, 1998, zu «Gesundheit Krankheit – Metaphern des Lebens und der Gesellschaft», http://www.pudel.uni-bremen.de/pdf/Illich98dt_Und_bol.pdf [02.10.2016].

[Proportionalität] *Über Leopold Kohr und den Verlust der Proportionalität.* Schumacher Lecture 1994, Aufsatz auffindbar in der Stiftung Convivial. (engl. The Wisdom of Leopold Kohr: http://www.centerforneweconomics.org/publications/lectures/illich/ivan/the-wisdom-of-leopold-kohr, 11.10.2016).

Schriften Bremen III. *Über Proportionalität.* Unveröffentlichte Textsammlung, einsehbar im Archiv von Johannes Beck und in der Stiftung Convivial.

– Über die Entstehung der Möglichkeit zu fragen: Was ist c? (Rieger), 2–5

– Über die Bürokratisierung akademischer Ohrmuscheln (Rieger), 6–9

– The Wisdom of Leopold Kohr (Illich und Rieger), 10–18

– Frederic the Second and the Speed of a Falcon (Trapp), 19–22

– Some Remarks about Speed from a Belly-Dance Drummer's Point of View (Rieger), 23–25

– Some Thoughts on Proportion (Hoinacki), 26–32

– Vorlesungsnotizen und Vorträge Winter 1996/1997 (Illich), 33–103

[Conspiratio] *Das Geschenk der Conspiratio.* http://www.pudel.uni-bremen.de/pdf/Illich98_Conspiratio.pdf, 11.10.2016.

[Perte] *La perte des Sens.* Übersetzt aus dem Englischen von Pierre-Emmanuel Dauzat, Paris, Fayard 2004.

– L'Origine chrétienne des services, 9–43
(Hospitality and Pain: http://www.pudel.uni-bremen.de/pdf/Illich_1423id.pdf, 08.10.2016)
– L'entreprise éducative actuelle vue par le marginal à la lumière de l'Évangile, 45–69
(The Educational Enterprise in the Light of the Gospel: http://davidtinapple.com/illich/1988_Educational.html, 08.10.2016)
– L'histoire des besoins, 71–105
(Needs: http://www.pudel.uni-bremen.de/pdf/Illich_2621id.pdf, 08.10.2016)
– Longévité posthume, 107–119
(Posthumous Longevity: http://www.pudel.uni-bremen.de/pdf/Illich_1431id.pdf, 08.10.2016)
– Le haut-parleur sur le clocher et le minaret, 121–144
(The Loudspeaker on the Tower: http://www.pudel.uni-bremen.de/pdf/Illich90loudsppu.pdf, 07.10.2016)
– Auto-stop (zusammen mit Jean Robert), 145–151
(Autostop: http://www.pudel.uni-bremen.de/pdf/Illich_Robert92en_AUTOSTOP_Englisch.pdf, 11.10.2016)
– Hommage de Ivan Illich à Jaques Ellul, 153–162
(To honor Jaques Ellul: http://www.pudel.uni-bremen.de/pdf/Illich93HONORPU.pdf, 11.10.2016)
– Lectio divina dans la haute Antiquité et l'Antiquité tardive, 163–185
(Lectio divina. In: Frömmigkeit – Lenz Kriss-Rettenbeck zum 70. Geburtstag. Forschungshefte, Nr. 13. Hg vom Bayerischen Nationalmuseum München, München, Deutscher Kunstverlag 1993, 13–26; Ebenfalls in: Schriftlichkeit im frühen Mittelalter. Hg von Ursula Schäfer, Tübingen, G. Narr Verlag 1993, 19–35)
– Surveiller son regard à l'age du SHOW, 187–231
(Guarding the Eye in the Age of Show: http://www.pudel.uni-bremen.de/pdf/Illich95Guardipu.pdf, 11.10.2016; die deutschsprachige Fassung findet sich in der Stiftung Convivial)
– La sagesse de Leopold Kohr, 233–256
(The Wisdom of Leopold Kohr: http://www.centerforneweconomics.org/publications/lectures/illich/ivan/the-wisdom-of-leopold-kohr,

11.10.2016; die deutschsprachige Fassung findet sich in der Stiftung Convivial)
- Soins médicaux pour systèmes immunitaires?, 257–269
  (Nachwort zur Neuauflage von Nemesis der Medizin [Nemesis])
- La société amortelle. De la difficulté de mourir sa mort en 1995, 271–278
  (Death undefeated: http://www.aislingmagazine.com/aislingmagazine/articles/TAM19/Death.html, 11.10.2016)
- L'ascèse à l'âge des systèmes. Propédeutique philosophique à l'usage chrétien des instruments, 279–286
  (Ascesis in the Age of Systems. Philosophical propaedeutics to the christian use of instruments. Findet sich in der Stiftung Convivial)
- Passé scopique et éthique du regard. Plaidoyer pour l'étude historique de la perception oculaire, 287–326
  (The Scopic Past and the Ethics of the Gaze: http://www.pudel.uni-bremen.de/pdf/Illich_en_SCOPICPU.pdf, 11.10.2016)
- Ne nous laisser pas succomber au diagnostic, mais delivrer nous des maux de la santé, 327–335
  (Und führe uns nicht in die Diagnose sondern erlöse uns von dem Streben nach Gesundheit: http://www.pudel.uni-bremen.de/pdf/Illich98dt_Und_bol.pdf, 11.10.2016)
- La culture de la conspiration, 337–352
  (Das Geschenk der conspiratio: http://www.pudel.uni-bremen.de/pdf/Illich98_Conspiratio.pdf, 11.10.2016)
- La perte du monde et de la chair, 353–357
  (Verlust von Welt und Fleisch: http://www.pudel.uni-bremen.de/pdf/IllichBecker_dt.pdf, 11.10.2016)

Der Verhältnismäßige Mensch. Mit Johannes Beck und Silja Samerski, (Vortrag auf der Europäischen Konferenz Life-Long Learning – Inside and Outside Schools, Universität Bremen). http://www.pudel.uni-bremen.de/pdf/Beck_ua_1444id.pdf. In: Das Geschenk der Conspiratio. Schriften Bremen 1997–1999. Die englische Version *The Conditional Human* ist publiziert in: Alheit, P., Beck, J., Kammler, E. et al. (Hg): *Lifelong Learning Inside and Outside Schools.* Roskilde, Roskilde University 2000.

Zahlenzauber der Statistik. Mit Silja Samerski, Der Freitag, 06.06.2003, https://www.freitag.de/autoren/der-freitag/zahlenzauber-der-statistik, [02.10.2016] (Frz. *Critique de la pensée risque.* In: Esprit. Août-Septembre 2010).

[Flüsse] *In den Flüssen nördlich der Zukunft. Letzte Gespräche über Religion und Gesellschaft mit David Cayley.* Übersetzt von Sebastian Trapp, München, Beck 2006.

[Symposion zum Abschied] *Ein Symposion für Ivan Illich zum Abschied.* 2003. Symposion im Februar 2003 in Bremen: http://www.pudel.uni-bremen.de/231dt_sym02_03.html, [10.10.2016].
– Ähnliche Menschen bringen keine Stadt zuwege (Gronemeyer)
– Nachdenken mit Illich – Denken nach Illich (Samerski und Rieger)
– Warum wird Ivan im Augenblick kaum gelesen (Pörksen)
– Ivan Illich: Stellen aus 25 Jahren und 10 Büchern (1970–1995) (Pörksen)
– Ivan Illich – jenseits von Medical Nemesis (1976) – auf der Suche nach den Weisen, in denen die Moderne das ‹Ich› und das ‹Du› entkörpert (Duden)
– Der Ethos der Freundschaft (Trapp)

[Philia Symposion] *Philia im freien Denken, Symposion für Ivan Illich in Bremen.* 2003. http://www.pudel.uni-bremen.de/232dt_sym12_03.html [27.09.2016].
– Freiheit und Gehorsam (Gronemeyer)
– Redekunst als Schule der Politik (Pörksen)
– You, me, and human beings in general (Trapp)

[Continuing the Conversation] *Ivan Illich at Penn State: Continuing the Conversation.* 2004. Symposion nach Ivan Illichs Tod: http://www.pudel.uni-bremen.de/234dt_sym11_04_psu.html [08.10.2016].

[Legacies] *Conversations: The Legacies of Ivan Illich.* 2004. Symposion nach Ivan Illichs Tod am Pitzer College in Claremont: http://www.pudel.uni-bremen.de/233dt_sym03_04_clare.html [08.10.2016].
– The demise of the Great Tradition (Robert)
– Illich and Literacy (Sanders)
– Glimpses of Ivan the Pilgrim (Rahnema)
– Ecology and the Structure of Society (Cobb)
– Growing up with Ivan Illich (Duggan)
– Why Philia? (Hoinacki)

[Challenges] Hoinacki, Lee und Mitcham, Carl (Hg): *The Challenges of Ivan Illich. A Collective Reflection.* Albany N. Y., State University of New York 2002.

- Reading Ivan Illich (Hoinacki), 1–8
- The Challenges of This Collection (Mitcham), 9–32
- Ivan Illich as We Knew Him in the 1950s (Fitzpatrick), 35–42
- The Adventure of Publishing Ivan Illich (Boyars), 43–48
- On Ivan Illich and His Friends (McKnight), 49–52
- Ivan Illich at the Wissenschaftskolleg (Bottomley), 53–58
- In the Shadow of Jerome (Farias), 59–70
- Economy, Subsistence, and Psychological Inquiry (Kugelmann), 73–88
- ABC Redux: Or Literacy Matters. And How! (Sanders), 89–100
- Ivan Illich's Concept of «Rests»: Glimpses of a World Past (Schwartz), 101–112
- Hospitality Cannot Be a Challenge (Garrigós), 113–126
- The Mess We're In: How Ivan Illich Revealed to Me That the American Dream Is Actually a Nightmare (Falbel), 129–140
- A Letter on Studying with Master Illich (Prakash), 141–152
- From the Economy to Friendship: My Years Studying Ivan Illich (Burkart), 153–162
- Don Quixote in the Contemporary Global Tragicomedy (Hulbert), 163–174
- Energy and the Mystery of Iniquity (Robert), 177–188
- Detour and Sacrifice: Ivan Illich and René Girard (Dupuy), 189–204
- Ivan Illich's Break with the Past (Tijmes), 205–218
- The Quest for Past Somatics (Duden), 219–230
- The Cultivation of Conspiracy (Illich), 233–242

[Nachrufe] Eine Sammlung von Nachrufen auf Ivan Illich: http://www.pudel.uni-bremen.de/220dt_nachrufe.html [27.09.2016].

Auswahl einiger Internet-Portale

www.pudel.uni-bremen.de

www.ivanillich.org.mx

The International Journal of Illich Studies: https://journals.psu.edu/illich-studies

http://www.davidcayley.com

http://backpalm.blogspot.de
Stiftung Convivial: www.convivial.de
Archiv Johannes Beck: www.beck-johannes.de
Ein Zirkel der Freunde Ivan Illichs
Der Zirkel veröffentlicht *La Convivialité* und *Le Crétin des Alpes. Petit journal du mouvement des réfractaires au développement.* Kontakt: Jean Michel Corajoud, 14, avenue Fraise, 1006 Lausanne, Suisse.

Andere Schriften und zitierte Aufsätze

Alinsky, Saul: *Anleitung zum Mächtigsein.* 2. Aufl. Göttingen, Lamuv Verlag 1999 (orig. Rules for Radicals 1971, Repr. 1989).

Bachelard, Gaston: *Die Poetik des Raumes.* Frankfurt a. M., Fischer 1997 (zuerst 1975).

Bachelard, Gaston: *On poetic imagination and reverie.* Spring Publ. Inc. 2014 (L'Eau et les Rêves. Essai sur l'Imagination de la Matière. Paris, José Corti 1942).

Borremans, Valentina: *Guide to Convivial Tools.* In: The Library Journal Nr. 13, 1979.

Bosquet, Michel: *Critique du Capitalisme quotidien.* Paris, Galilée 1973.

Brillat-Savarin, Anthelme: *Physiologie des Geschmacks oder Betrachtungen über das höhere Tafelvergnügen* (Physiologie du goût fr. 1825, dt. 1864), Frankfurt a. M., Insel 1998.

Bruno, Père: *Aux écoutes de Dieu: Les silences monastiques dans la tradition cistercienne.* Besançon, Imprimerie de L'Est 1954 (2. erw. Auflage).

Caillé, Alain, Latouche, Serge und Viveret, Patrick: *De la convivialité. Dialogues sur la société conviviale à venir.* Paris, La Découverte 2011.

Chambat, Gregory: *La pédagogie des opprimés par Paulo Freire.* In: N'Autre école, Nr. 12, 2006 a.

Chambat, Gregory: *Une société sans école, Ivan Illich.* In: N'Autre école, Nr. 11, 2006 b.

Charbonneau, Bernard: *Dimanche et Lundi.* Paris, Denoel 1966.

Charbonneau, Bernard: *L'Hommauto.* Paris, Denoel 1967.

Coolman, Boyd Taylor: *The theology of Hugh of St. Victor. An Interpretation.* Cambridge, Cambridge University Press 2010.

Dardenne, Martine und Trussart, Georges: *Penser et agir avex Illich. Balises pour l'après-développement.* Charleroi, Couleurs livres 2005.

Domenach, Jean-Marie und Thibaud, Paul (Hg): *Dossier «Illich en débat»*. Esprit, März 1972.

Domenach, Jean-Marie und Thibaud, Paul (Hg): *Dossier «Avancer avec Illich»*. Esprit, Juli/August 1973.

Duden, Barbara und Bock, Gisela: *Arbeit aus Liebe, Liebe als Arbeit. Zur Entstehung der Hausarbeit im Kapitalismus.* In: Frauen und Wissenschaft. Berlin, Courage Verlag 1977.

Duden, Barbara: *Geschichte unter der Haut. Ein Eisenacher Arzt und seine Patientinnen um 1730.* Stuttgart, Klett-Cotta 1987.

Duden, Barbara: *Der Frauenleib als öffentlicher Ort. Vom Missbrauch des Begriffs Leben.* Hamburg, Luchterhand 1991.

Duden, Barbara: *‹De oculo morali›. Ivan Illich zur Blickgeschichte und zum bedrohten Blicken heute.* In: Evidentia. Reichweiten visueller Wahrnehmung in der Frühen Neuzeit. Hg von Wimböck, Gabriele u. a., Berlin, Lit-Verlag 2007, 483–503.

Duden, Barbara: *The Quest for Past Somatics.* In: The Challenges of Ivan Illich. Hg von Lee Hoinacki und Carl Mitcham. State University of New York Press 2002, 219–230.

Duden, Barbara: *Ivan Illich – Jenseits von Medical Nemesis (1976) – auf der Suche nach den Weisen, in denen die Moderne das ‹Ich› und das ‹Du› entkörpert.* http://www.pudel.uni-bremen.de/pdf/BD_ABSCH.pdf, [08.10.2016], 2003 (frz.: *Illich, seconde période.* In: Esprit. Août-Septembre 2010).

Dupuy, Jean-Pierre: *Illich et la némésis industrielle.* In: L'Arc Nr. 62, 1975.

Dupuy, Jean-Pierre: *Ordres et désordres.* Paris, Le Seuil, 1982.

Dupuy, Jean-Pierre: *Aux origines des sciences cognitives.* Paris, La Découverte 1994.

Dupuy, Jean-Pierre: *Le détour et le sacrifice. Ivan Illich et René Girard.* In: Esprit, Mai 2001.

Dupuy, Jean-Pierre: *Pour un catastrophisme éclairé.* Paris, Le Seuil 2002.

Dupuy, Jean-Pierre: *Petit métaphysique des tsunamis.* Paris, Le Seuil 2003.

Dupuy, Jean-Pierre: *La médicalisation de la vie. Médecine et pouvoir: en hommage à Ivan Illich.* In: Esprit, Oktober 2004.

Dupuy, Jean-Pierre: *Retour de Tchernobyl. Journal d'un homme en colère.* Paris, Le Seuil 2006.

Dupuy, Jean-Pierre: *D'Ivan Illich aux nanotechnologies. Prévenir la catastrophe.* In: Esprit, Februar 2007.

Dupuy, Jean-Pierre: *La marque du sacré.* Paris, Carnets Nord 2009.

Dupuy, Jean-Pierre und Dumouchel, Paul: *L'enfer des choses. René Girard et la logique de l'économie.* Paris, Le Seuil 1979.

Feminist Issues. A journal of feminist social and political theory. Vol. 3, 1, 1983.

Freire, Paulo: *Die Pädagogik der Unterdrückten.* Reinbek, Rowohlt 1973.

Fromm, Erich: *Die Furcht vor der Freiheit.* München, DTV 2016 (orig. Escape from Freedom. London, Trubner 1941).

Fromm, Erich: *Die Revolution der Hoffnung. Für eine humanisierte Technik.* München, DTV 1999 (The Revolution of Hope. New York, Harper and Row 1968).

Gintis, Herbert: *Critique de l'illichisme.* In: Les temps modernes Nr. 314–315, Sept./Oktober 1972.

Goodman, Paul: *The Empire City. A Novel of New York City.* San Francisco, COLT Press 1942.

Goodman, Paul: *Communitas. Lebensformen und Lebensmöglichkeiten menschlicher Gemeinschaften.* Gevelsberg, Edition humanistische Psychologie 1994 (Communitas. Means of Livelihood and Ways of Life, 1947).

Goodman, Paul: *Aufwachsen im Widerspruch.* Verlag Darmstädter Blätter, 1971 (Growing up Absurd. 1960).

Gorz, André: *Kritik der Arbeitsteilung.* Frankfurt a. M., Europäische Verlagsanstalt 1974.

Gorz, André: *Ökologie und Freiheit. Beiträge zur Wachstumskrise 2.* Reinbek, Rowohlt 1977.

Gorz, André: *Abschied vom Proletariat. Jenseits des Sozialismus.* Frankfurt a. M., EVA 1980.

Gorz, André: *Das Ende der Vollbeschäftigung.* In: Technologie und Politik. Das Magazin zur Wachstumskrise, hg von Freimut Duve, Nr. 15, Reinbek, Rowohlt 1980, 8–28.

Gorz, André: *Wege ins Paradies. Thesen zur Krise. Automation und Zukunft der Arbeit.* Berlin, Rotbuchverlag 1983.

Gorz, André: *Kritik der ökonomischen Vernunft. Sinnfragen am Ende der Arbeitsgesellschaft.* Berlin, Rotbuch 1989.

Gorz, André: *Der Verräter* (mit dem Essay über das Altern). Frankfurt a. M., Suhrkamp 1997.

Gorz, André: *Arbeit zwischen Misere und Utopie.* Frankfurt a. M., Suhrkamp 1999.

Gorz, André: *Brief an D. Geschichte einer Liebe.* Zürich, Rotpunktverlag 2008.

Gorz, André: *Auswege aus dem Kapitalismus.* Zürich, Rotpunktverlag 2009.

Gorz, André: *Wissen, Wert und Kapital. Zur Kritik der Wissensökonomie.* Zürich, Rotpunktverlag 2010 (4. Aufl.).

Gronemeyer, Marianne: *Motivation und politisches Handeln.* Hamburg, Hoffmann und Campe 1976.

Gronemeyer, Marianne: *Die Macht der Bedürfnisse. Überfluss und Knappheit.* Darmstadt, WBG 2002.

Gronemeyer, Marianne: *Das Lernen mit beschränkter Haftung. Über das Scheitern der Schule.* Berlin, Rowohlt 1998.

Gronemeyer, Marianne: *Das Leben als letzte Gelegenheit. Sicherheitsbedürfnisse und Zeitknappheit.* Darmstadt, WBG 2012.

Hoinacki, Lee: *Der Jakobsweg – ein spirituelles Abenteuer.* Freiburg, Herder o. J.

Hoinacki, Lee: *Dying is not Death.* Eugene, Oregon, Wipf & Stock 2007.

Kuchenbuch, Ludolf: *Bäuerliches Genus im frühen Mittelalter.* In: Wider den Turmbau zu Babel. Disput mit Ivan Illich. Hg von Stefan Pfürtner, Reinbek, Rowohlt 1985, 131–146.

Kuchenbuch, Ludolf: *Trennung und Verbindung in bäuerlichen Werken des 9. Jahrhunderts. Eine Auseinandersetzung mit Ivan Illichs Genus-Konzept.* In: Frauen in der Geschichte. Hg von Werner Affeldt, Annette Kuhn, Düsseldorf, Schwan 1986, 227–243.

Kuchenbuch, Ludolf: *Abfall. Eine stichwortgeschichtliche Erkundung.* In: Mensch und Umwelt in der Geschichte. Hg von Jörn Rüsen u. a., Pfaffenweiler 1989, 257–276.

Kuchenbuch, Ludolf: *Textus im Mittelalter. Komponenten und Situationen des Wortgebrauchs im schriftsemantischen Feld.* Hg mit Uta Kleine. Göttingen, V&R 2005.

Kaller-Dietrich, Martina: *Ivan Illich (1926–2002). Sein Leben, sein Denken.* Weitra, Bibliothek der Provinz 2007.

Kohr, Leopold: *Small is beautiful.* Ausgewählte Schriften zum Gesamtwerk. Wien, Deutike Verlag 1995.

Kohr, Leopold: *Die Lehre vom rechten Maß. Aufsätze aus fünf Jahrzehnten.* Salzburg, Müller Verlag 2006.

Ladner, Gerhart: *The Idea of Reform.* Cambridge, Harvard University Press 1961.

Lambert, Benoît: *Cyclopolis, ville nouvelle. Contribution à l'histoire de l'écologie politique.* Genève, Goerg 2004.

Lindheim, Roslyn: *The Hospitalization of Space.* R. Lindheim Publ. 1975.

Marc, Olivier: *Psychanalyse de la Maison.* Paris, Le Seuil 1972.

Morisette, Claire: *Deux Roues, un avenir.* Montréal, Écosociété 1994.

Ohlinger, John und McCarthy, Collen: *Life-long Learning or life-long Schooling? A tentative View of the Ideas of Ivan Illich with a quotational Bibliography.* Syracuse University Press 1971.

Panofsky, Dora und Erwin: *Die Büchse der Pandora. Der Bedeutungswandel eines mythischen Symbols.* Frankfurt a. M., Campus 1992.

Paquot, Thierry: *Que devient Ivan Illich?* In: Esprit, Februar 1989.

Paquot, Thierry: *La résistance selon Ivan Illich.* In: Le Monde diplomatique, Januar 2003.

Paquot, Thierry: *Utopie et utopistes.* Collection Repères, 2007.

Paquot, Thierry: *De la «société de consommation» et de ses détracteurs.* In: Mouvements, Nr. 54, 2008, 54–65.

Paquot, Thierry: *L'espace publique.* Collection Repères, 2009.

Paquot, Thierry: *Ivan Illich: politique de l'amitié.* In: Mouvements, Nr. 68, 2010 a.

Paquot, Thierry: *L'urbanisme, c'est notre affaire!* Nantes, L'Atalante 2010 b.

Paquot, Thierry: *Illich lecteur d'Ellul.* In: Colloquium Comment peut-on (encore) être ellulien au XXI siècle. Bordeaux, 2012.

Paquot, Thierry: *Siesta. Die Kunst des Mittagsschlafs.* Göttingen, Steidl 2013.

Paquot, Thierry, Stathopoulos, Marco und Masson Zunussi, Yvette (Hg): *Alter-Architecture. Manifesto.* Mailand, Eterotopia und Gollion. Infolio 2012.

Picard, Max: *Die Welt des Schweigens.* München, Piper Verlag 1991 (zuerst 1948).

Plessix Gray, Francine du: *Divine Disobedience. Profiles on Catholic Radicalism.* New York, Alfred A. Knopf 1970.

Plessix Gray, Francine du: *The rules of the game.* In: The New Yorker, 25.4. 1970.

Pörksen, Uwe: *Plastikwörter. Die Sprache einer internationalen Diktatur.* München, Beck 1988.

Pörksen, Uwe: *Schauinsland.* Stuttgart, Klett-Cotta 1992.

Pörksen, Uwe: *Weltmarkt der Bilder. Eine Philosophie der Visiotype.* Stuttgart, Klett-Cotta 1997.

Pörksen, Uwe: *Camelot in Grunewald. Szenen aus dem intellektuellen Leben der 80er Jahre.* München, Beck 2014.

Poirel, Dominique: *Hugues de Saint-Victor.* Paris, Cerf 1998.

Polanyi, Karl: *Ökonomie und Gesellschaft.* Frankfurt a. M., Suhrkamp 1979.

Polanyi, Karl: *The Great Transformation. Politische und ökonomische Ursprünge von Gesellschaften und Wirtschaftssystemen.* Frankfurt a. M., Suhrkamp 1973.

Polanyi, Karl: *Chronik der Grossen Transformation. Artikel und Aufsätze (1920–1945).* Hg von Michele Cangiani. 3 Bände. Marburg, Metropolis 2002–2005.

Pressespiegel der Universität Bremen, Sonderausgabe Nr. 1, Januar 2003.

Reimer, Everett: *Schafft die Schule ab! Befreiung aus der Lernmaschine.* Reinbek, Rowohlt 1972 (School is dead. Alternatives in Education. 1970).

Rieger, Matthias: *Helmholtz Musicus. Die Objektivierung der Musik im 19. Jahrhundert durch Helmholtz' Lehre von den Tonempfindungen.* Darmstadt, WBG 2006.

Robert, Jean: *Le temps qu'on nous vole. Contre la société chronophage.* Paris, Le Seuil 1980.

Robert, Jean: *Der Verlust der Erläuterungssprache in der Physik von 1840 bis 1900.* In: Wider den Turmbau zu Babel. Disput mit Ivan Illich. Hg von Stephan Pfürtner. Reinbek, Rowohlt 1985, 116–130.

Robert, Jean und Dupuy, Jean-Pierre: *La trahison de l'opulence.* Paris, PUF 1976.

Robert, Jean und Rahnema, Majid: *La puissance des pauvres.* Arles. Actes Sud 2008.

Robert, Jean: *Jenseits des Systemzeitalters.* Vortrag auf einem Symposion der

Stiftung Convivial in Frankfurt a. M. 2014, http://henni.de/convivial/jean-robert.html [02.11.2016].

Rahnema, Majid und Bawtree, Victoria (Hg): *The Post-Development Reader.* London, Zed Books 1997.

Rorem, Paul: *Hugh of St. Victor.* New York, Oxford University Press 2009.

Rykwert, Joseph: *The Idea of a Town.* Boston, MIT Press 1988.

Rykwert, Joseph: *The dancing column. On order in Architecture.* Boston, MIT Press 1998.

Sachs, Wolfgang (Hg.): *Wie im Westen, so auf Erden. Ein polemisches Handbuch zur Entwicklungspolitik.* Reinbek, Rowohlt 1993.

Sachs, Wolfgang: *Der blaue Planet. Zur Zweideutigkeit einer modernen Ikone.* In: Scheidewege 23, 1993/94, 168–189.

Sachs, Wolfgang: *Satellitenblick. Die Ikone vom blauen Planeten und ihre Folgen für die Wissenschaft.* In: Technik ohne Grenzen. Hg von Ingo Braun und Bernward Joerges. Frankfurt a. M., Suhrkamp 1994, 305–346.

Samerski, Silja: *Die verrechnete Hoffnung. Von der selbstbestimmten Entscheidung durch genetische Beratung.* Münster, Westfälisches Dampfboot 2002.

Samerski, Silja: *Die Entscheidungsfalle. Wie genetische Aufklärung die Gesellschaft entmündigt.* Darmstadt, WBG 2010.

Samuel, Sajay: *Le rôle des professions.* In: Esprit, Août-Septembre 2010.

Silva-García, Jorge: *Erich Fromm in Mexico: 1950–1973.* In: Contemporary Psychoanalysis, 1989.

Soulier, Nicolas: *Reconquérir les rues.* Paris, Ulmer 2012.

Stengers, Isabelle.: *Le droit d'apprendre.* In: Penser et agir avex Illich. Balises pour l'après-développement. Hg von M. Dardenne und G. Trussart, Charleroi, Couleurs livres 2005.

Tabet, Alexei: *La Pensée d'Ivan Illich en France. Essai d'histoire intellectuelle, mémoire de master, sous la directionde Pascal Ory.* Université Paris-I-Panthéon-Sorbonne (CHS) 2012.

Turner, John: *Die Verelendung durch Architektur.* Reinbek, Rowohlt 1978 (Housing by People, 1976).

Virilio, Paul: *Geschwindigkeit und Politik. Ein Essay zur Dromologie.* Berlin, Merve Verlag 1980.

von Werlhof, Claudia et al.: *Frauen, die letzte Kolonie. Zur Hausfrauisierung der Arbeit.* Reinbek, Rowohlt 1988.

Zaldivar, Jon Igelmo: *Revisiting the critiques of Ivan Illich's Deschooling Society.* In: International Journal for Cross-Disciplinary Subjects in Education, vol.1, Nr. 1. Schwerpunktheft, 2011, 610–626.

Nachwort zur Übersetzung

von Henriette Cejpek und Barbara Duden

Es ist schön vom Beck Verlag, diesen Essay zu Ivan Illich in deutscher Übersetzung herauszubringen. Der Verfasser, Thierry Paquot, der lange mit Ivan Illich befreundet war, nahm Anstoß daran, dass dieser, zumindest in Frankreich, nur mit den «Pamphleten» der 1970er Jahre bekannt ist. So machte er sich daran, eine knappe und zugleich sehr reiche «Einführung» zu Person und Werk zu schreiben. Er kommentiert nicht nur die berühmten Schriften wie *Nemesis der Medizin* oder *Entschulung der Gesellschaft* sondern das gesamte «Lebenswerk» Illichs, und er zitiert ihn ausführlich. Das macht neugierig darauf, Illich selbst zu lesen. Dabei eröffnet Paquots Interpretation und Darstellung den Lesern mannigfache und eigene Zugänge. Die Einführung wirft ein Licht nicht nur auf die Werke, sondern auch auf die Debatten und Kontroversen ihrer Entstehungszeit, ebenso wie auf die Verschiebungen in der Zeitgeschichte, die sich im Wechsel der Themen spiegeln. Das Buch ist zwar knapp genug, um es wirklich zu lesen, zugleich aber bietet es eine Fülle von Hinweisen für weiterführende Vertiefungen. Man kann es als eine Gesamtschau auf einen äußerst anregenden und freien Denker lesen, aber auch als «Arbeitsbuch» oder Materialsammlung benutzen.

Das Unterfangen, den französischen Essay deutschsprachigen Leserinnen und Lesern zugänglich zu machen, konfrontierte die Übersetzerinnen mit keineswegs nebensächlichen Schwierigkeiten. Die Tätigkeit des Übersetzens ähnelt einem Fährverkehr: Sie transportiert Sinn und Bedeutung von einem Ufer zum anderen. Bei Ivan Illich hat ein solcher Verkehr seine eigene Bewandtnis. Illich selbst war unablässig dabei, entstehende oder fertiggestellte Arbeiten in alle möglichen Sprachen zu übertragen, wobei er oft das Original umschrieb. Bedachtsam wandte er sich in jedem Text, in jeder der vielen Sprachen, die er gut beherrschte, an die Leserschaft in einem eigenen kulturellen und politischen Klima. Wir hatten also die Aufgabe, die allermeisten Texte von Illich nicht aus der von Paquot zitierten französischen Fassung zu übertragen, sondern auf ein englisches «Original» zurückzugehen oder aus deutschen Entwürfen und Manuskripten zu zitieren. Wir mussten zwischen Textvarianten – Englisch, Französisch – die treffende Formulierung auswählen und überlegen, wie er das auf Deutsch gesagt hätte. Ivan Illich hatte das Deutsche, die Zunge seiner Kindheit, in den späten 1970er Jahren wiederentdeckt und schätzte es wegen seiner reichen etymologischen und vor allem konkreten Konnotationen. Als er damals nach Deutschland kam, bemühte er sich diszipliniert darum, seine Ausdrucksweise von bürokratisch-technogenen Modernismen fernzuhalten, die in den Übersetzungen seiner älteren Texte durchaus vorkommen. Bereits in «Tools for Conviviality» (zuerst 1973) hat ihn die «Hauptwörterei» umgetrieben und was passiert, wenn Tätigkeitswörter nominalisiert werden: «Die Sprachen der Industrienationen setzen die Ergebnisse schöpferischer Arbeit und menschlicher Bemühungen mit industriellen Outputs gleich. Die Materialisierung des Bewusstseins spiegelt sich in den westlichen Sprachen wider: Schulen operieren mit der Losung ‹Bildung!›, wogegen die Alltagssprache danach fragt, was Kinder ‹lernen›» [Selbstbegrenzung, 135]. Diese Askese im Sprechen war für uns eine doppelte Herausforderung, einerseits in der Übersetzung aus dem Französischen oder Englischen, andererseits im Umgang mit vorhandenen, älteren Übersetzungen von Illichs Texten ins Deutsche. Falls möglich griffen wir zu Neuübersetzungen, wie zum Beispiel von «Tools», d. h. «Selbstbegrenzung» [1998].

Hinzu kam eine weitere Schwierigkeit: Illich schrieb die

«Pamphlete» der 1970er Jahre in englischer Sprache. Das politische und kulturelle Klima in Frankreich war ihm in diesen Jahren besonders günstig. Seine Schriften wurden zügig übersetzt, erregten öffentliche Diskussionen. Intellektuelle, wie Jean-Marie Domenach, Jean-Pierre Dupuy oder André Gorz, nahmen den Disput mit ihm auf. Schließlich machten ihn die französischen Medien zu einem öffentlich bekannten Gesicht. Thierry Paquot schildert anschaulich das Echo auf den aufrührerischen Autor und Priester, und die Leser erhalten anregende Einblicke in das Werden eines Weltautors, dessen Ideen weder in die linke noch rechte Szene passten. Er verfolgt zum Beispiel die anhaltende, erregte Diskussion um die Thesen der «Entschulung der Gesellschaft», oder diskutiert, weshalb man Ivan Illich als politischen Autor im sozialistischen oder gewerkschaftlichen Diskurs Frankreichs nicht einordnen kann. Dieser Fokus scheint uns spezifisch für die Rezeption in Frankreich. Er lässt aber unterbelichtet, welche Anregungen und Themen Illich in Deutschland aufnahm, wo er seit den späten 1970er Jahren regelmäßig lehrte und zeitweise lebte. In einer Übersetzung kann diese Leerstelle nicht gefüllt werden. Da uns aber der Verlag damit betraut hatte, einen Fährverkehr ohne Schiffbruch zu besorgen, sahen wir es als unsere Aufgabe an, das karge deutsche Ufer an einigen Stellen vorsichtig auszubauen – und am französischen Ufer Überbordendes zu Autoren, Bibliographien, Debatten (an wenigen Stellen) zu beschneiden. Wir erweiterten die französische Fassung durch Exkurse zu Deutschland: wir schrieben einige «Kästchen» (encadrés) neu, z. B. die Nachrufe und Symposien zum *Denken nach Illich* (Kapitel 1), das Gespräch zwischen Freunden über «Entschulung», *Erziehung...Danke, Nein!* (Kapitel 2), oder die besondere Atmosphäre seiner «Bremer Jahre» in *Das Geschenk der Conspiratio* (Kapitel 5), weil wir Illichs Rede zu «conspiratio» anlässlich der Verleihung des Bremer Friedenspreises in der Villa Ichon aufnehmen wollten. Den wortkargen Hinweis im französischen Haupttext (Kapitel 1) auf einen «lehrenden Nomaden» zwischen verschiedenen Universitäten seit den

1980er Jahren erweiterte Ludolf Kuchenbuch durch eine Skizze darüber, welche vielschichtigen Herausforderungen Ivan Illich durch neue und alte freundschaftliche Gespräche in Deutschland erfuhr und welche intellektuellen Quellen ihm die Wiederentdeckung des mündlichen und schriftlichen Deutschen erschloss. Schließlich ersetzte Kirsten Vogeler manche Nachrufe, Medienberichte und Aktivitäten durch Zitationen aus Deutschland (Kapitel 1), wobei ihr das Archiv von Johannes Beck und die «PUDEL»-Website der Universität Bremen halfen. Gleichfalls wollten wir an Freunde erinnern, die sich engagiert hatten, Illichs Schriften in Deutschland bekannt zu machen, insbesondere Freimut Duve, der Ivan Illich in den Herausgeberkreis von rororo aktuell eingeladen und seine Schriften dort brandheiß veröffentlicht hatte (Kapitel 1). Ein zentrales Motiv bleibt schmerzhaft unterbelichtet: die Perversion des Evangeliums, von der Illich insbesondere zu David Cayley sprach [Flüsse], und von der die bisher noch nicht kommentierten Bremer Vorlesungen (1990–2002) handeln.

«Mein Weg war einer der Freundschaft», sagt Ivan zu David Cayley (*In den Flüssen nördlich der Zukunft* [Flüsse]). Das stimmt. Es gibt wohl kaum einen Autor, dessen Gedanken und Schriften derart innig mit Gesprächen, Einladungen und Gastlichkeit verbunden sind. In Deutschland knüpfte er enge Zusammenarbeiten: Im fulminanten Eröffnungsjahr des Berliner Wissenschaftskollegs entstand die Grundlage der Zusammenarbeit mit Uwe Pörksen, dessen «Plastikwörter» die Heraufkunft des neuartigen internationalen Expertenjargons untersucht, oder mit Gunhild Pörksen, der Kennerin von Paracelsus, die Ivan später bei seiner Studie über das Blicken inspirierte. Angelika und Sigmar Groeneveld luden viele Sommer lang auf ihren Hof in Hebenhausen südlich von Göttingen ein, wo herrliche Feste um große tönerne Töpfe den Rahmen boten für seine «living room consultations». Hier entstanden unter anderem das Manifest zum Boden («soil»), das Manifest gegen die Industrie der «Bio-Ethik», und auch ein Gutteil der Einsichten zur Kritik des «substantiven Lebens». Um 1990 lud Rudolf zur Lippe im Gutshaus in Hude zu Rehbraten und Zusammenkünften, bei denen im Anschluss an die Illich-Vorlesung der Universität Oldenburg die mediale Ausbreitung der Infographik diskutiert wurde und deren unheimliche Visualisierung von verwaltungsförmigen Abstrakta. Mehrfach schenkten Hermann Hatzfeld und Angelika Dönhoff den Besuch der Terrassen in Crottorf, wo das Verhältnis von Jazz und Sprechen gefeiert und über Lay Literacy und die Bedeutung des Computers für eine Kultur des Buches nachgedacht wurde; später fanden Seminare um den großen Tisch in der Kreftingstraße in Bremen statt. Wir könnten solche Szenen mühelos fortsetzen – müssen aber die Arbeitsessen in der Vorbereitung von Wolfgang Sachs' «Development Dictionary» in Foster Avenue in State College oder die Zusammenkünfte im Haus von Feodora Stancioff in Washington oder in Susan und Bob Duggans Tai Sophia Institute in Maryland beiseitelassen. Einzig die denkwürdige Einladung Mother Jeromes OSB und der Nonnen von Regina Laudis in Bethlehem, nördlich von New York, kann nicht unerwähnt bleiben. Hier trafen sich Freunde aus aller Welt, um über den Landbau in der Tradition des Hl. Benedikt zu sprechen, vielfältige Methoden des Kompostierens zu besichtigen und von Mother Noelle OSB zu lernen, welche geschmacklichen Vorteile Holzbottiche bei der Käseherstellung haben im Vergleich zu den aseptischen Metallbehältnissen nach EU-Richtlinien. Immer andere Ausblicke, jeweils andere Gerüche, andere «Umsonstigkeiten» der ebenso lebensfrohen wie disziplinierten Atmosphäre, die Ivan zu stiften einzigartig begabt war.

Thierry Paquots einführender Essay lädt zum Lesen ein; zum Vergnügen an einem Autor, dessen beißende Kritik am Postulat der Knappheit und der zugeschriebenen «Bedürfnisse» allzu oft als Weltfremdheit abgetan wird. Ebenso wie Italo Calvino wusste Ivan, dass das Leben in der modernen Hölle der Lebenden uns herausfordert zu suchen und erkennen zu lernen, wer und was inmitten der Hölle nicht Hölle ist, und ihm Dauer und Raum zu geben, ohne eine Institution daraus zu machen.

Aus dem Verlagsprogramm

Ivan Illich bei C.H.Beck

Ivan Illich
Entschulung der Gesellschaft
Eine Streitschrift
Aus dem Englischen von Helmut Lindemann und Thomas Lindquist
7. Auflage. 2017. 187 Seiten. Broschiert
Beck Paperback Band 1132

Ivan Illich
Selbstbegrenzung
Eine politische Kritik der Technik
Aus dem Englischen von Ylva Eriksson-Kuchenbuch
3. Auflage. 2014. 175 Seiten. Broschiert
Beck Paperback Band 1167

Ivan Illich
Im Weinberg des Textes
Als das Schriftbild der Moderne entstand
Ein Kommentar zu Hugos ‹Didascalicon›
Aus dem Englischen übertragen von Ylva Eriksson-Kuchenbuch
2. Auflage. 2014. 213 Seiten. Broschiert
Beck Paperback Band 1920

Ivan Illich
Die Nemesis der Medizin
Die Kritik der Medikalisierung des Lebens
Aus dem Englischen von Thomas Lindquist und Johannes Schwab
5. Auflage. 2007. 319 Seiten. Paperback
Beck'sche Reihe Band 1104

Ivan Illich bei C.H.Beck

Ivan Illich
In den Flüssen nördlich der Zukunft
Letzte Gespräche über Religion und Gesellschaft mit David Cayley
Aus dem Englischen von Sebastian Trapp
2006. 277 Seiten. Broschiert

Ivan Illich
Klarstellungen
Pamphlete und Polemiken
Mit einer Einleitung von Erich Fromm.
Übersetzung von Helmut Lindemann
1996. 170 Seiten. Paperback
Beck'sche Reihe Band 1151

Ivan Illich
Genus
Zu einer historischen Kritik der Gleichheit
Aus dem Englischen von Ruth Kriss-Rettenbeck (Text),
und Barbara Duden (Anmerkungen)
2. Auflage. 1995. 220 Seiten. Paperback
Beck'sche Reihe Band 1105

Verlag C.H.Beck